0〜5歳児 年中使える！

子どもの驚き！発見！不思議！が科学する心を育てる！

身近な自然で楽しい保育！

園庭などで見つけた「なぜ？」どうして？」 → いつのまにか遊びが広がる！186例

森川　紅／監修　後藤和佳子／編著

ひかりのくに

はじめに

子どものドキドキ・ワクワクを広げよう！

身近な自然には、遊びのタネがいっぱい！

　身近な自然環境には、春・夏・秋・冬を通して、驚き、気づき、発見、好奇心がいっぱいです。
　子どもの声を聞き逃していませんか？　子どもたちは興味・関心を持ったものにみずから触れたり、おしゃべりをしたりしています。
　自然で遊ばなきゃ！　と思わなくても、子どもの声を拾ってみると、子どもはすでに興味・関心を持って遊んでいます。諸感覚を使って、体中で体験しています！
　ここに質の高い保育のタネがいっぱい！　保育者はその気持ちに寄り添い、共感・共有したいですね。クラス全体に広がり、共感・共有するとさらにいいですね。
　体感すること、経験すること、見る、触る、聞く、感じる、味わう経験が子どもの知的好奇心と生きる力につながります。

虫や土が苦手でもだいじょうぶ！…お話しするところから始めよう！

　虫や土を触るのがちょっと苦手。だから自然遊びはできない…と思ってませんか？
　子どもにとって自然は身近なもので、気がついたらもう遊んでいます。子どもの発する声に耳を傾け、お話することから始めてみましょう。

　また、苦手な子どもといっしょにちょっとずつ慣れていくのもいいでしょう。「どうしたらいいかな？」と子どもに聞いてみるのもひとつです。「○○博士」が教えてくれますよ。(P.76　苦手でも安心！　ここから始めよう！　も参照)

本書の特長

本書は、身近な自然と、より身近に遊べるように、子どもの声を中心に、遊びを紹介しています。

こんなにすぐそばに！
身近な自然がいっぱい！

サクラやタンポポ、チョウチョウやテントウムシ、子どもにとって身近な植物や生き物をたくさん紹介しています。気負わず、身近な自然に目を向けてみましょう。子どもはもうすでにいろいろなことに気づいて心を動かして遊んでいますよ。

はじまりは『共感』から！
子どもの声がいっぱい！

ふだん何気なく聞き漏らしている子どもの声、実はすでに子どもたちは自然にふれあい、感じているのです。子どものつぶやき、子どもの目線、子どものイメージを、お話しのやりとりでたっぷり紹介！ 保育者の共感・共有のヒントにも！

どんどん広がる！
子どもの○○したい！をはぐくむ遊びがいっぱい！

子どもたちの「なぜ？」「どうしてかな？」は、知的好奇心の高まりとともにすでに遊びが始まっていることを示しています。子どもの「○○したい！」に寄り添う遊びをたっぷり紹介！

本書の使い方

本書は、身近な植物、生き物を取り上げ、子どもたちのつぶやきと、そこから広がる遊びを紹介しています。少しでも、子どもに寄り添うきっかけになればと思います。

はじまりは『共感』から！

見つけよう！子どもの声を聞いてみよう！お話ししよう！

子どものつぶやき、友達同士、保育者の会話を、吹き出しで紹介しています。子どもなりの気づきや発見がそこにはあります。保育者として、子どもの声に耳を傾けるきっかけに、また、保育者の共感のことばがけのヒントにもしてください。

子どもの体験を広げることばがけ…子どもなりに考える経験を

保育者自身は知識を持っていること。そのうえで、すぐに答えを伝えるのではなく、一歩引いて、「どうしてかな？」などと投げかけ、子ども自身が考えるようなことばがけをすることが大切です。

「どうかな？」
「なるほど」
「どうなっているのかな？」

じっくり見てみる
ほかの友達に聞いてみる
育ててみる
調べてみる

それらの経験が子ども自身の真の知識につながっていきます。
保育者や友達といっしょに探すことが子どもの経験に結び付いていきます。

小さな花がいっぱい！

- すごい！アジサイって、ちいさいおはながいっぱいある！
- ほんとうだね。
- みんなでおしくらまんじゅうしているみたい！
- うん、楽しそうね

子どもの声に耳を傾けよう！…共感しよう！

「きれいだね！」「みつけたよ！」「○○になっていたよ！」「すごいね！」子どもは驚きや、うれしさを伝えたい！と表現しています。保育者は、その気持ちを受け止め、「そうだね！」「本当だね！」と、共感したいですね。
保育者に直接伝える子どもばかりではありません。友達同士でいろいろなお話をしながら、気づきや共感を体験しています。
なかには、ひとりで自然と向き合って楽しんでいる子どももいます。
その時間を共有し、子どもの気持ちに寄り添って、共感したいですね。
子どもは、どんな話をしている？ どんな表現をしている？ 保育者がそこに気づけるか、そこにどうかかわっていくのかが大切です。

 ① ② ③ ④ ⑤ 歳児
目安の年齢を示しています。

植物編

生き物編

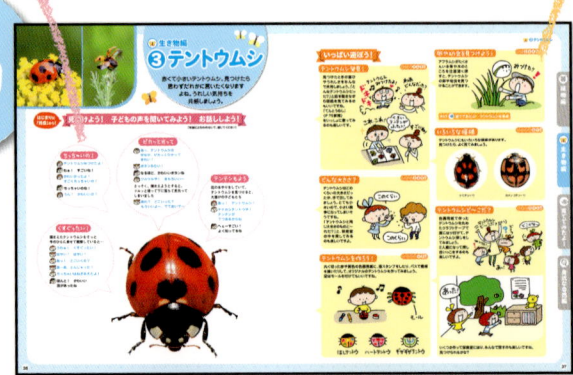

> **いっぱい遊ぼう！**
>
> 子どもの気づきやワクワクが広がる遊びの一部を紹介しています。子どもの興味はどんどん広がります。自然に触れたからこその体験が、子どもたちにとっては豊かな活動になります。

子どもの○○したい！を引き出す遊びや環境構成を！

子どもが主体的に働きかけられる環境を整えたいですね。子どもの「○○したい！」を受け止めて、遊んでみましょう。

●育ててみよう！
「どうなるのかな？」「みてみたい！」その気持ちに寄り添い、育てる経験が、気づきや「どうしてかな？」につながっていきます。

●みんなで見よう！
植物の生長過程や、生き物の生長過程のコピーを保育室にはっておくのもいいですね。みんなで、「今はここだね」「もうすぐこうなるね」などと楽しみになりますよ。

●まねしてみよう！
実際に見たり、触ったりした生き物や植物をイメージして、まねしてみるのも楽しいです。子どもひとりひとりの表現が現れますよ。

●絵を描いてみよう！
実際に育てているものを観察して描いてみましょう。じっくりと観察して描いているようすがうかがえます。

●調べてみよう！
子どもの「なぜ？」「どうして？」「どうなっているの？」の意欲を広げられるよう、身近なところに図鑑や絵本を置いておきましょう。
（おすすめの図書　P.78.79参照）

●作ってみよう！
子どもの「つくりたい！」がいきるよう、色画用紙の切れ端、空き箱、リボン、モール、折り紙（1/4の大きさが子どもの手にはちょうどよい）など、素材をたくさん用意しておくといいですね。

●歌ってみよう！
実際に見たり、触ったりした生き物や植物に関係する歌をうたってみましょう。実際の経験が、歌い方にも表現されていきます。

育ててみたよ！ ～園の実践レポート～

園での実践を、子どものつぶやきを中心に紹介しています。子どもの気づきを促すヒントにしてください。

身近な自然編

より身近な風、水、土なども紹介しています。特別ではなく、身近な体験を大事にしたいですね。

もくじ

はじめに
身近な自然には、遊びのタネがいっぱい！ … P.2

本書の特長 …………………………… P.3
本書の使い方 ………………………… P.4

🍀 植物編

① サクラ ……………………… P.8
② チューリップ ……………… P.10
③ タンポポ …………………… P.12
④ アジサイ …………………… P.14
⑤ アサガオ …………………… P.16
⑥ ヒマワリ …………………… P.18
⑦ トマト ……………………… P.20
⑧ キュウリ …………………… P.22
⑨ サツマイモ ………………… P.24
⑩ ひっつきむし ……………… P.26
⑪ ドングリ …………………… P.28
⑫ モミジ・イチョウ ………… P.30

🦋 生き物編

① チョウチョウ ……………… P.32
② アリ ………………………… P.34
③ テントウムシ ……………… P.36
④ ダンゴムシ ………………… P.38
⑤ アマガエル ………………… P.40
⑥ カタツムリ ………………… P.42
⑦ ザリガニ …………………… P.44
⑧ クワガタムシ ……………… P.46
⑨ カブトムシ ………………… P.48
⑩ バッタ ……………………… P.50
⑪ カマキリ …………………… P.52
⑫ セミ ………………………… P.54
⑬ トンボ ……………………… P.56
⑭ コオロギ …………………… P.58

育ててみたよ！ ～園の実践レポート～

- チューリップ …………… P.60
- アサガオ …………… P.62
- いろいろ夏野菜 …………… P.64
- マツボックリ …………… P.66
- 野菜の水栽培 …………… P.66
- ナノハナ …………… P.66
- ヒヤシンス …………… P.66
- チョウチョウ …………… P.67
- テントウムシ …………… P.67
- ダンゴムシ …………… P.68
- カタツムリ …………… P.68
- ザリガニ …………… P.69
- カマキリ …………… P.69

身近な自然編

1. 風を感じたよ …… P.70
2. 水、おもしろい！ … P.70
3. 土が気持ちいい …… P.71
4. 光がきれい！ …… P.71
5. 楽しい、雲の形 …… P.72
6. 空の色、いろいろ …… P.72

コピーして使える！
チューリップ＆アサガオ カード ……… P.73

いっぱい遊ぼう！
紹介曲 ……………………………… P.74

苦手でも安心！
ここから始めよう！ ………………… P.76

お散歩に行くときに、チェック！ …… P.77

身近な自然への興味が広がる！ 関心が高まる！
ひかりのくにおすすめ
図鑑＆絵本＆保育図書 ……………… P.78

植物編
①サクラ

春の訪れとともに咲くサクラ。年度末に咲き始め、入園式のころには花びらが舞います。子どもといっしょに春の訪れを味わいたいですね。

はじまりは『共感』から！　見つけよう！　子どもの声を聞いてみよう！　お話ししよう！

（年齢にとらわれないで、感じてください）

かわいい！
- あっ！　サクラがさいてる
- あっちにも…
- ほんとだ
- かわいい！
- うわあ、ほんとだね。かわいいね

雪みたい
- わー、ゆきがふってるみたい
- ほんとだね　きれいねえ
- かぜがひゅーとふいたら、もっとふるかな？
- かぜさん、ふけふけ！（手を振る。風を起こしているつもり）

花びらやわらかいね
- みて！はなびらつかまえたよ！
- ほんとだ！　すごーい。かわいい花びらだね
- ふわふわしている。やわらかいよ
- やさしくやさしく、持たなきゃね

あたたかくなったら
- ちっちゃいつぼみが、ぱっとひらいたよ！
- ほんとだね。暖かくなったからだね
- サクラもうれしいんだね
- 春になったね。みんなうれしいんだね

ピンク色の空だね
- サクラをみてらくびがいたくなった
- ほんとだね。ずっと上を向いていたら先生も痛くなっちゃった
- ピンクいろのおそらみたいで、きれい！

花びらじゅうたん
- すてきなじゅうたんみつけたよ
- じゅうたん？
- ピンクいろなの！
- あっ！　サクラだ！
- ピンポン！だいせいかい！

❶ サクラ

いっぱい遊ぼう！

ピンク色いっぱい！ 0 1 2 3 4 5歳児

子どもたちといっしょにサクラの木を見に行きましょう。「きれいね」を共感しましょう。

サクラのシャワー 0 1 2 3 4 5歳児

花びらが舞い散るとさらに遊びが広がります。たくさん集めた花びらを手のひらに乗せて、「いち、にのさん！」で投げると、花びらシャワーがひらひらくるくる。
2、3歳児は、保育者がやって見せ、4、5歳児は、友達といっしょにやってみると、花びらがたくさん舞い、より楽しめます。

花びら集め 0 1 2 3 4 5歳児

地面に舞い落ちた花びらを集めてみましょう。透明のプリンカップなどを持って行くといいですよ。花びらが5枚付いたものを見つけられるかな？

花びらキャッチ！ 0 1 2 3 4 5歳児

舞い落ちる花びらを捕まえてみましょう。ひらひら舞うので、じょうずに捕まえられるかな？　両手で挟んだり、手をお皿の形にして乗せたり、いろいろ楽しめます。舞い散る花びらを見ながら、動きに合わせてうまくキャッチできるとうれしいですよ。

花びら何枚？どんな色？ 0 1 2 3 4 5歳児

花びらが5枚付いたものを見つけたら、じっくり見てみましょう。花びらの色や形にも興味が出てくるでしょう。

花びらケーキいただきます！ 0 1 2 3 4 5歳児

砂で作ったケーキに花びらをデコレーション。ピンク色のおいしそうなケーキです。

キラキラサクラ 0 1 2 3 4 5歳児

ペットボトルにサクラの花びらを入れて、水を入れます。フタを閉めて、上下にしたり、回したりするとサクラの花びらが動いてとてもきれいです。

緑に変身！ 0 1 2 3 4 5歳児

サクラの花びらが散ると緑の葉が出てきます。ピンクから緑へ、だんだん変身していきますよ。

植物編 ／ 生き物編 ／ 育ててみたよ！ ／ 身近な自然編

🍀 植物編
❷ チューリップ

3月から4月にかけて、いっせいに咲く
チューリップ。色とりどりの花に
興味・関心を持てると
いいですね。

| はじまりは『共感』から! | **見つけよう! 子どもの声を聞いてみよう! お話ししよう!** |

（年齢にとらわれないで、感じてください）

ツルン!
- はなびらツルっとしてる
- えっ？ ほんと？
- ぼくのてみたいに ふっくらしてる
- ほんとだね

花びらのひみつ／お休みするんだよ
- せんせい、きょうのあさ チューリップがおやすみしてたよ!
- 花びらはね、夜になったら 閉じるんだよ
- え？ そうなの？
- 朝になったら元気に 「おはよう」って咲くんだよ
- わたしたちといっしょだね!
- そうだね

なにかあるよ…
花が開くと中をのぞき込んで
- なにかみえる、ハチ？
- ハチがみつをすってるんかな？
- ちがう！ なにかあるんや
- えっ？ 何があるのかな？
- ずかんでしらべてみよう!

何色が咲くかな？
緑色のつぼみを発見して
- なにいろがさくかな？
- あかかな？
- きいろがいいよ
- 楽しみだね！
- わくわくするね

くきってかっこいいね
- くきってかっこいいね
- どうして？
- つぼみがおおきくなったら ぐ〜んとのびた！
- しゅーっと、ぴーんとしてる！
- そうだね。大きなお花を 支えてすごいね
- うん！

はっぱの形
- はっぱって、まっすぐだ
- そうだね
- さきっぽはとんがってるよ
- ほんとだね
- なみなみしている ところもあるよ
- よく気づいたね。 おもしろいね

はっぱのひみつ
- 葉っぱの緑色はね、太陽の 光を浴びて栄養を作って いるんだよ
- えいよう？
- そう。みんなも肉や魚や野菜 を食べて元気になるよね。 チューリップも太陽の光と土 からのお水で栄養を作って 元気になるんだよ
- へえー！

❷チューリップ

いっぱい遊ぼう！

きれいだね　◐①②③④⑤歳児
いっしょに見に行きましょう。「きれい」という気持ちが共感・共有できるといいですね。

おもしろい形だね！　◐①②③④⑤歳児
上から見たら1本のめしべを、6本のおしべが囲んでいるよ。見てみましょう！

真上から見たチューリップ

虫メガネで探検だ！　◐①②③④⑤歳児
段ボールやカラーセロファンで作った手作り虫メガネを持って、チューリップ探しをしてみましょう。花の細かいところにも気づけるかな？

チューリップ発見カード&シール　◐①②③④⑤歳児
チューリップを見つけたら、発見カード（P.73）にシールをはりましょう。いくつ見つけられるかな？

チューリップを折ろう！　◐①②③④⑤歳児
思い思いの色紙を選んでチューリップを折ってみましょう。❷❸の折る幅によって花の大きさが変わります。細いつぼみも作ってみましょう。

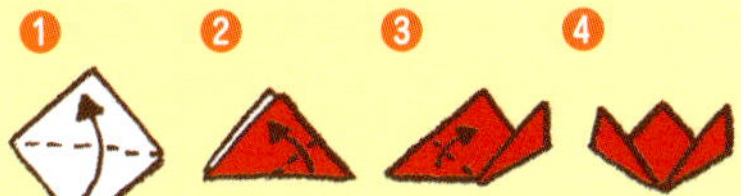

背比べ　◐①②③④⑤歳児
並んで咲いている花の大きさや高さを比べてみましょう。

お散歩！探してみよう！　◐①②③④⑤歳児

園庭や公園でどんな花が咲いているか探してみましょう！　チューリップを見つけられるかな？

水やり当番　◐①②③④⑤歳児

チューリップが元気に咲くように、水やり当番を決めてみましょう。毎日の活動が「育てる心」の芽生えになります。

歌おう！『チューリップ』　◐①②③④⑤歳児
（作詞：近藤宮子・日本教育音楽協会　作曲：井上武士）
チューリップをイメージしながら歌ってみましょう。

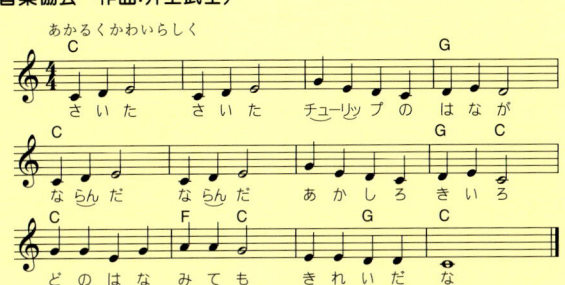

どんな形？ポーズごっこ　◐①②③④⑤歳児
チューリップは夜になると花びらを閉じ、朝になると開きます。チューリップになって遊んでみましょう。

落ちた花びらで　◐①②③④⑤歳児
落ちた花びらを拾ってみましょう。どんな形？　大きさ？　いろんな発見があります。拾ったサクラの花びらを入れたり、水に浮かべたりしても楽しいです。

チューリップのここがすごい！　◐①②③④⑤歳児
チューリップの「ここがすごい！」をみんなで話してみましょう！　いくつ見つけられるかな？　紙に描いてもいいですね。

P.60 育ててみたよ！　チューリップも参照

植物編

生き物編

育ててみたよ！

身近な自然編

植物編
③タンポポ

散歩の途中でよく見られる身近な花です。登園・降園途中でも「みつけたよ!」の声が聞けるとうれしいですね。

 **見つけよう！　子どもの声を聞いてみよう！　お話ししよう！**

（年齢にとらわれないで、感じてください）

ポンポンみたい！
- きいろいポンポンみたい
- ほんとだね。小さい花がいっぱい集まっているんだよ
- みんななかよしだね
- ○○組みたいだね

夜はおやすみ
- タンポポっていつねるの？
- タンポポも夜寝るんだよ。ギューって小さくなってねるのよ
- そうなんだ。あさになったらおきるんだね。ぼくといっしょだね

葉っぱがギザギザだ！
- はっぱのかたちおもしろい！
- どんな形しているの？
- ギザギザしてる
- まるいものもある
- ほんとだ、いいところに気づいたね。おもしろい形だね

ちっちゃくてかわいいね
- ○○ちゃん、じーっと見てるね
- うん。ちっちゃくてかわいいの。きいろいのもすき
- そうなんだね。先生も好きだよ
- まんなかはだいだい
- ほんとだ。きれいだね

太陽いっぱいで元気！
- はっぱがぺたってなってるよ。
- そうだね。上から見たら、たくさん見えるね。太陽の光をいっぱいもらうためだよ（両手の手のひらを広げながら）
- わたしもいっぱいたいようもらう！（両手の手のひらを広げながら）

タンポポが白くフサフサになった！
- せんせいたいへん！タンポポがしろくなった！
- だいじょうぶよ。新しい子どもたちが風に乗って遠くまで飛んでいけるように、白いフサフサに変わったのよ
- そうなんだ！　よかった。いいところにいけるといいね

いっぱい遊ぼう！

タンポポ見つけた！
園庭や公園、散歩や通園途中などでタンポポを探してみましょう。どんなところに咲いているかな？

お部屋に飾ろう！

子どもたちが摘んできたタンポポをコップや花びんに入れて保育室に飾ってみましょう。子どもたちの喜びが膨らみます。掘ってきたタンポポを植木鉢に植えてもいいですね。

飛んで行けー！
「あっ！　わたげみーつけた！」と綿毛を見つけると子どもたちは大喜びで摘んで「フーッ！」と息を吹きかけます。綿毛が飛んで行くようすを眺めたり、手のひらで受け止めたり、観察したりなど、おおはしゃぎです。

いっぱいあるよ！
タンポポは小さな花がたくさん集まっています。ひとつひとつ取ってみると楽しいです。取っても取ってもまだまだありますよ。

タンポポの腕時計＆指輪
茎を2つに裂いて、結ぶと腕時計のでき上がり！指に結ぶと指輪にもなります。

タンポポボタン＆髪飾り
服のボタンの穴に挿すだけで、かわいいタンポポボタンになります。髪に挿すと髪飾りになります。

タンポポの笛
茎をチョンチョンと切って細いほうの先をつぶして吹きます。太い茎、細い茎、短い茎、みんな音色が違って楽しいです。
初めは保育者がやってみると、興味を持った子どもがさっそくチャレンジ！　試行錯誤を繰り返し、初めて音が出たときの喜びは最高です。音が出るようになると、友達同士でコツを教え合い、音の輪が広がっていきます。

植物編
④アジサイ

梅雨の時季にきれいに咲くアジサイ。緑の葉の間に、紫やピンクや水色の鮮やかな花の色を楽しみたいですね。

はじまりは『共感』から！　見つけよう！　子どもの声を聞いてみよう！　お話ししよう！

（年齢にとらわれないで、感じてください）

小さな花がいっぱい！
- すごい！アジサイって、ちいさいおはながいっぱいある！
- ほんとうだね。
- みんなでおしくらまんじゅうしているみたい！
- うん、楽しそうね

ピンク色もいろいろ！
- ピンクいろのアジサイ、きれい！
- みんな、いろがちがう
- おおきさもちがうよ
- こいピンクと、ふつうのピンクと、ちょっとうすいピンクと…うすーいピンクもある！
- ピンクいろがいっぱいや！
- すごーい！　いろいろなピンク色があるんだね
- うん。むらさきもいろんなむらさきがあるよ。ちょっとあかいむらさきと、あおいむらさき
- こいむらさきとうすいむらさきもある！

色の美しさや濃淡に気づき、何とか言葉で色の違いを表現しようとしていました。

かくれんぼ
アジサイにはカタツムリというイメージを持っていて…
- カタツムリさんいるかな？
- はっぱのしたにかくれているのかな？

と言いながら探しています。
保育者もいっしょに探していると…
- そうや！　カタツムリはあめがすきやから、まだおうちでねてるんとちがう？
- きっとそうや！またあめがふったら、みにこよう！
- うん！

雨の日の散歩につながっていきます。

アジサイは変身じょうず
- いろんないろがあるね
- そうだね。アジサイは変身じょうずなんだよ
- えっ？　へんしんするの？
- そう。違う土になったら違う色になるの
- へぇ〜。すごいね！

はっぱのすべりだい！
- はっぱ、おもしろいね
- おもしろい？
- ギザギザしてる
- ほんとうだね
- あっ！いまあめがすべった！すべりだいみたい！
- たのしそう
- わたしもやってみたい！

いっぱい遊ぼう！

アジサイを見に行こう！　⓪①②③④⑤歳児

アジサイを見に行きましょう。間近で見ると、大きいことに驚きます。ほかにもどんな発見があるかな？

雨の日にも行ってみよう！　⓪①②③④⑤歳児

雨の日の散歩もたまにはいいですよね。雨にぬれているアジサイを見に行きましょう。新しい発見があるかもしれませんよ。カタツムリやアマガエルにも出会えるかな？

保育室に飾ってみよう！　⓪①②③④⑤歳児

園庭のアジサイを切って保育室に飾っておくと、こんな声が聞こえてきました。

- あっ！　アジサイや！
- ほんとや！　おそとにもさいてるよ
- えっ、どこ？
- こっちこっち

とふたりで話し、アジサイの花を見に行きました。そのことをみんなにも知らせると、

- アジサイ、すなばのむこうにもさいてるよ！

と言ってみんなで見に行きました。

- えっ？　いろがちがう！
- こっちのほうがピンクいろがこい！
- なんでかな？
- うん、ふしぎやな

微妙な色の違いに気づき、その不思議さを友達と共感していました。

アジサイの指スタンプ　⓪①②③④⑤歳児

小さな花がいっぱいのアジサイを、指スタンプしてみましょう。紫やピンクや水色、青など、何色かの絵の具を用意しておくと、ひとりひとり、思い思いのアジサイができますよ。

ふんわりアジサイ　⓪①②③④⑤歳児

子どもたちといっしょに、どんな色がいいか考えながら、絵の具を薄めに溶いていきましょう。

① 丸い形に切った和紙を霧吹きで湿らせます。

② 絵の具を筆にたっぷりと含ませて、和紙の上に落としていくと、色が広がっていきます。

紙の上で色が混ざり合うと、少しずつ違う色になり、たくさんの驚きや発見がありますよ。

アジサイ仲よしゲーム　⓪①②③④⑤歳児

アジサイのようにみんなで仲よく集まって咲くゲームです。

① 床にカラービニールテープ（ピンク、水色、青など）で輪を作ります。『雨ふり』（作詞：北原白秋　作曲：中山晋平）などの歌をうたったり、BGMをかけたりしている間は、周りを歩きます。

② 保育者が「ピンクアジサイ」などと色を言ったら、音を止めてその色の輪の中に入り、アジサイになります。みんなが入れるように協力します。

③ ①②を繰り返します。

いろいろなアジサイ　⓪①②③④⑤歳児

ガクアジサイは、真ん中が小さなつぼみのような形をしています。「どのくらいかな？」手で小ささ比べをしてみましょう。

❹アジサイ

植物編／生き物編／育ててみたよ！／身近な自然編

植物編
⑤アサガオ

朝早くに花を咲かせるアサガオ。育てやすい花でもあるので、子どもたちといっしょに育てることで、より親しみを持てるといいですね。

はじまりは『共感』から！　見つけよう！　子どもの声を聞いてみよう！　お話ししよう！

（年齢にとらわれないで、感じてください）

アサガオってあさのかお？
- せんせい、きのうのゆうがた、アサガオがしゅんってなっていたよ。どこかいたかったのかな？
- きっと、もう夜だからお休みしていたんだね。アサガオは朝に咲くんだよ
- だから「アサガオ」なの？
- そうだよ
- いたいわけじゃなかったんだね。よかった

くるくる～つぼみ
- つぼみがくるくるしてる！
- ほんとうだね
- こっちのつぼみもくるくるおなじだ！
- みんな同じ向きだね。すごいね！

花びらは1枚！
- はなびら、おおきいよ
- 大きいね。何枚あるのかな？
- い～ち…。あれ？ひっついてるよ
- ほんとうだね。1枚だけなんだね

はっぱの形おもしろい！
- はっぱ、へんなかたちをしてる
- どんな形？
- お・ば・け、みたい！
- へー、おもしろいね

楽しみだね！
アサガオを植える前の種を見て…
- うわぁ、ちっちゃい！
- みんなおおきさがちがうよ
- いろもちがう！　ちゃいろやくろいのがある！
- いしみたいや
- ほんとにはながさくんかな？
- どんな花が咲くか楽しみだね

かわいい！
双葉を見て…
- かわいい！
- ハートがたや！
- もようがあるよ
- ふたごのきょうだいみたいや

❺アサガオ

いっぱい遊ぼう！

アサガオの大きさ比べ　⓪①②③❹❺歳児
アサガオの花と自分の手を比べてみましょう。どちらが大きいか勝負です。

アサガオのふうせん　⓪①②③❹❺歳児
しぼんだ花の先を指でつまみ、花の根元側をフッ！と吹くと、ポン！と音を立てて割れます。

つぼみのかくれんぼ　⓪①②③❹❺歳児
くるくるのつぼみになる前の、小さなつぼみはあまり目に留まりません。葉の隙間から赤ちゃんつぼみをよ～く探してみましょう。

色水遊び　⓪①②③❹❺歳児
咲き終わってしぼんだ花を摘んで、色水遊びをしてみましょう。

❶ ビニール袋に花を入れて、指先でもむとすぐに色が出ます。

❷ 色が出てから少しずつ水を入れると色の変化が楽しめます。

❸ コップに移してみましょう。いろいろな色のアサガオで楽しみましょう。できた色を混ぜてみてもいいですね。どんな色ができるかな？

アサガオの染め紙　⓪①❷③❹❺歳児
和紙に絵の具を染み込ませて、アサガオを作ってみましょう。

❶ 丸く切った和紙を折ります。

❷ 先をねじり、先端に絵の具を染み込ませます。

❸ 開いて乾かします。できたアサガオを、壁面として飾ってもすてきです。

水やり当番　⓪①②③❹❺歳児
アサガオは毎日の水やりが欠かせません。水やり当番を決めて、みんなで育てましょう。

アサガオ鬼ごっこ　⓪①②③❹❺歳児
鬼にタッチされたらアサガオになる鬼ごっこです。

❶ 鬼にタッチされたら、止まってアサガオのつぼみになります。

❷ 生きている子にタッチされたらクルッと回って両手を広げ、花を咲かせて逃げます。

アサガオ日記　⓪①②❸❹❺歳児
アサガオの花が咲いた数だけ、アサガオカード（P.73）に色を塗りましょう。夏休みの楽しみにするといいですね。

種が出てきたよ！　⓪①②③❹❺歳児
花がしぼんでしばらくしたら、緑色の膨らみができ少しずつ茶色く変化します。指で挟んでつぶすと中から黒い種が出てきます。「あっ、わたしがうえたアサガオのたねとおなじ！」「たねがふえたよ！」と大喜びです。

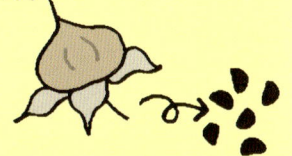

来年、また植えてきれいな花を咲かせたいですね。大事に取っておくとよいことを伝えましょう。

P.62 育ててみたよ！　アサガオも参照

植物編 / 生き物編 / 育ててみたよ！ / 身近な自然編

植物編
⑥ヒマワリ

見上げるほど背の高いヒマワリ。
夏の季節の花です。
その大きさに驚きと不思議を
味わえるでしょう。

はじまりは『共感』から！ 見つけよう！ 子どもの声を聞いてみよう！ お話ししよう！
（年齢にとらわれないで、感じてください）

どこまで伸びるの？
- せんせい、ヒマワリがどんどんおおきくなるよ
- そうね。どこまで伸びるのかな？
- （手を上げて）これくらいかな？
- （上げた手を伸ばして）これくらい？
- （背伸びもして）これくらい！
- どのくらい大きくなるか、楽しみだね

種は模様みたい！
- 花の真ん中は、種になるんだよ
- もようみたいだね
- そうだね。たくさん種ができるといいね
- たのしみ！

太い茎だね
- ヒマワリってピーンとしてるね
- そうだね、茎が太いね
- ほんとうだ。だからおおきなはながさいてもだいじょうぶなんだ！
- ほんとうだね。すごいね

お日様みたい！
- ヒマワリのはな、すっごくおおきい！
- 本当に大きいね
- おひさまみたい！
- そうだね。お日様みたいだね

太陽大好き！
- ヒマワリさん、たいようのほうばかりみてるね
- よく気がついたね。太陽が大好きなんだよ
- ぼくもすきだよ。いっしょだ！

葉っぱも大きい！
- はっぱもおおきい！かさみたい！（葉っぱの下に潜り込む）
- ほんとうだね。雨が降ってもだいじょうぶだね

いっぱい遊ぼう！

ヒマワリとご対面 ０１２３４５歳児

背の高いヒマワリを子どもは常に見上げています。間近で見る機会をつくってあげたいですね。ヒマワリの大きさに感動するなど、きっと、新たな驚きや発見があるでしょう。『ひまわり』（P.74参照）の歌を口ずさみながら眺めるのも楽しいですよ。

ヒマワリの模様 ０１２３４５歳児

ヒマワリの中央には、種がいっぱい詰まっています。きれいな模様が見えてきておもしろいですね。

茎、こんなに太いの!? ０１２３４５歳児

ほかの草花よりも太い茎をしています。実際につかんで確かめてみましょう。チクチクするので気をつけて、そっと触りましょう。葉っぱも触ってみましょう。その大きさに驚くでしょう。園で育てる場合は、肥料をたくさんあげて、大きなヒマワリを育ててみましょう。

ヒマワリあっち向いてホイ！ ０１２３４５歳児

太陽とヒマワリに分かれて「あっち向いてホイ！」で遊びましょう。

1. 太陽を決めます（初めは保育者）。
2. 両手をパーにして揺らし、「ヒマワリヒマワリ」と言います。
3. 「あっち向いてホイ！」で、両手を右、上、左のどこかに伸ばし、太陽と同じ方向になれば勝ち。

ヒマワリジャンプで手形をポン ０１２３４５歳児

背の高いヒマワリをイメージしてジャンプしましょう。

1. 手に茶色い絵の具を付けて、壁にはった模造紙にジャンプして手形を押します。
2. 色紙や和紙をちぎって、花びらや葉、茎を付けるとヒマワリのでき上がり。

ヒマワリ的当て ０１２３４５歳児

壁に色画用紙で作ったヒマワリをはり、点数を付けます。丸めた紙や小さなお手玉を投げて、高いところに当てたほうが高得点！

種がいっぱい！ ０１２３４５歳児

ヒマワリの種ができたら、いっしょに見てみましょう。たくさんあるので、取っても取っても終わらないです。模様もおもしろいです。こんなに小さい種からあんなに大きな花が咲くのは不思議ですね。種を並べたり数えたり、いろいろな形を作ったりして遊んでみましょう。

植物編
7 トマト

多くの種類があるトマトは、身近な野菜です。育てて収穫する楽しさ、食べるうれしさなど、体験できます。

はじまりは『共感』から！ 見つけよう！ 子どもの声を聞いてみよう！ お話ししよう！
（年齢にとらわれないで、感じてください）

水をあげすぎると甘くならないよ

- トマト、なかなかあかくならない
（…と言いながら、今日も水をやっている）
- うん、どうしてかな？
- おみずをあげすぎたのかな？
- もっといっぱいおみずをあげたほうがいいんとちがう？
- ちがうよ！ おみずをあげすぎたら、あまくならないんやで
- えっ？ ◯◯ちゃんよく知ってるね。トマトはお水をあげすぎたらだめなんだね
- うん。おじいちゃんもトマトをそだててるからおしえてもらったんや
- ふーん、そうかあ。じゃあ、おみずをすくなくしよう

トマトの花は小さなお星様

- あっ！ トマトのおはながさいたよ
- 本当やね
- おほしさんのかたちしてるよ！ ちっちゃくてかわいい！
- ◯◯ちゃん、大発見！本当に小さなお星様みたいね

葉っぱもトマトと同じにおい

水やりをしていてトマトの葉っぱに手が触れると…

- あっ！ トマトのにおいがする！
- えっ！ どこどこ？
（◯の手のにおいをかいでみて…）
ほんとや！
- 本当に？
（保育者も◯の手のにおいをかいでみて…）
本当に、トマトのいーいにおいやね。どうして？
- はっぱもトマトとおんなじなんや！すごいなあ

トマトの赤ちゃん発見！

- ちっちゃい、みどりいろのトマトのあかちゃん、はっけん！
- 本当やね。かわいいね
- こっちのほうがもっとちっちゃいよ
- えっ！ どこ？ほんとや、トマトのあかちゃんのきょうだいや
- かわいい！
- おおきくなーれ！

❋ ❼ トマト

いっぱい遊ぼう！

数えてみよう！ ０１❷❸❹❺歳児
1本の枝に、トマトがいくつなっているのか、数えてみましょう。どの枝がたくさんなっているでしょうか。

大きさを比べてみよう！ ０１❷❸❹❺歳児
収穫したトマトを並べてみます。小さい順、大きい順など、大きさ比べをしてみましょう。

種類を調べてみよう！ ０１２❸❹❺歳児
トマトの種類は豊富です。赤色以外にオレンジや黄色などもあります。図鑑を見て調べてみましょう。大きさもいろいろですね。

触ってみよう！ ０１❷❸❹❺歳児
トマトを触ってみましょう。表面のツヤや茎部分など、感触の違うところも探してみます。『トマト』（P.74参照）を歌いながら楽しむのもおすすめです。

切ってみよう！ ０１２３❹❺歳児
トマトを切ってみます。縦、横や斜めなどに切り、断面を見てみましょう。

縦に切ったところ

横に切ったところ

トマト料理、何かな？ ０１２３❹❺歳児
持ち帰ったトマトやおうちで育てたり買ったりしたトマトを使って、料理を作ってみましょう。翌日、どのような料理をして食べたのか、みんなで知らせ合いましょう。

生長を観察して絵を描いてみよう！ ０１２３４❺歳児
トマトの生長のようすを描いてみましょう。八つ切りの1/4の大きさの画用紙が、描きやすいです。えんぴつで形を描き、色えんぴつで色を塗ります。生長する姿が楽しみになりますよ。

5がつ13にち
トマトのなえをうえました

きいろいほしのかたちのはながさきました

みどりのトマトがあかくなりました

こんなにいっぱいできました

最後に、とじると生長記録に！

P.64 育ててみたよ！ いろいろ夏野菜も参照

植物編 / 生き物編 / 育ててみたよ！ / 身近な自然編

植物編
⑧ キュウリ

夏野菜のキュウリは、あっという間に大きく生長して驚くことがあります。観察や収穫などをして、食育に関心を持てるようにしましょう。

はじまりは『共感』から！
見つけよう！　子どもの声を聞いてみよう！　お話ししよう！
（年齢にとらわれないで、感じてください）

赤ちゃんキュウリ、発見！
- おはなのところに、なにかある！
- うわ、ちっちゃくてかわいいね
- うん！　ブツブツがいっぱいあるよ
- ほんとや！　トゲトゲしてる
- あかちゃんキュウリや！

背が高くなった！
- キュウリのせがたかくなったよ
- わたしとどっちがたかい？
- キュウリ！
- 高さ比べをしているの？
- そうだよ。せんせいとキュウリはどっちがたかい？
- くらべてみよう！

できた！
- キュウリがなっているよ
- わーおおきいキュウリ
- はやくとりたい
- おいしそう
- 大きいキュウリができたね
- すごくおおきいよ。みんなでたべてもだいじょうぶだね
- どうやって食べたい？
- がぶってかじってもいい？
- きってサラダにしたい！
- こんなに大きなキュウリができたから、収穫したらみんなに見せて、どうするか聞いてみようか

キュウリを収穫すると…
- キュウリがおおきくなったよ！　もうしゅうかくできる？
- そうね、収穫しようか
- うん！　やったあ！

ハサミを持ってきて収穫しようとすると…
- いたい！　すごい！　トゲトゲや！
- うわぁ、痛そう…だいじょうぶ？
- うん、どこをもとうかな？（トゲトゲのないところを探しながら…）ここはだいじょうぶかな？
　（そっと持って、ハサミで切ると、切り口から水が出てきて、驚いてにおいをかいでみる）
- すごーい！　キュウリのにおいがする！キュウリのジュースがでてきたんや！
- えっ？　どこどこ？

次々に友達が集まって来て、見たりにおいをかいだり…
- やっぱり、キュウリは"すいぶん"がおおいんや！
- キュウリはおみずがだいすき！　ってずかんにかいてあったもんね。だからおみずをいっぱいあげないとダメなんや
- なるほど！　よく気がついたね！

図鑑で調べて知ったことを、実際に体験して確認できたようです。

🍀 ⑧ キュウリ

いっぱい遊ぼう！

手に取ってみよう　⓪①②❸❹❺歳児

キュウリを触ってみましょう。
ツヤやブツブツなどの感触を楽しんでみましょう。

比べてみよう　⓪①②❸❹❺歳児

キュウリを収穫したら並べてみましょう。
太さ、長さやブツブツの多さなど、テーマを考えながら比べてみましょう。

作ってみよう！　⓪①②❸❹❺歳児

色紙や色画用紙をクシャクシャにもんで形を整え、キュウリを作ってみましょう。七夕飾りや壁面飾りにしてもいいですね。

浮かぶかな？　⓪①②③❹❺歳児

いろいろな夏野菜が収穫できたら、水に浮かぶのか実験してみましょう。浮かぶ野菜、沈む野菜はどれかな？

生長を観察して絵を描いてみよう！　⓪①②③④❺歳児

キュウリの生長のようすを描いてみましょう。
八つ切りの1/4の大きさの画用紙が、描きやすいです。えんぴつで形を描き、色えんぴつで色を塗ります。
生長する姿が楽しみになりますよ。

5がつ13にち
キュウリのなえをうえました

なえがおおきくなりはっぱがたくさんになりました

はながたくさんさきました。きいろいはなです

キュウリがすこしずつおおきくなってきました

そして、しゅうかくしました

おおきなキュウリができました

P.64 🌏 育ててみたよ！ いろいろ夏野菜も参照

植物編 / 生き物編 / 育ててみたよ！ / 身近な自然編

23

🍀 植物編
⑨ サツマイモ

サツマイモが大好きな子どもたちも多いようです。見たり触ったりして、旬の食材をたっぷり楽しみましょう。

 **はじまりは『共感』から!**　見つけよう！　子どもの声を聞いてみよう！　お話ししよう！

（年齢にとらわれないで、感じてください）

だいじょうぶ？
- このなえ、ヒョロヒョロや！
- ほんとうにサツマイモができるのかな？
- 大きいのができるといいね
- みずやりして、まいにちおねがいしよう
- はやくサツマイモができますようにってね

葉っぱが増えてきた！
- せんせい、おイモのはっぱがふえてきたよ。つちがみえなくなってきた
- すごい！　発見だね。ツルもグングン伸びて、葉っぱもいっぱいついて、もうすぐ収穫できるかな？た・の・し・み！

おイモはすごい
- おイモってつちのなかでおおきくなるんだって
- 運動会が終わったころ、土の中でおイモができているはずよ。どんなおイモかな？楽しみだね
- つちのなかはみえないのでどれくらいおおきくなったか、わからないね
- そうね。でも、ツルが伸びていくのは見えるからワクワクするね

いっぱいくっついている！
- スコップでつちをほったら、おイモがでてきた。うわあ、すごーい！　みてみて。いっぱいついているよ
- うわあ、みんなにも見せてあげて
- おとうさんとおかあさんと、ぼくと……。あっ！　ちっちゃいあかちゃんも…。いっぱいだ！
- 本当。家族みたいね

顔より大きい！
- このおイモ、わたしのかおよりおおきいよ
- 本当ね。先生の顔とどっちが大きい？
- え〜っ！　どっちかな？（うれしそうに比べてみる）こっちのおイモははなぐらいかな。ほそながいのもあるよ

❀ ⑨ サツマイモ

いっぱい遊ぼう！

比べてみよう！ ⓪①②③④⑤歳児
収穫したサツマイモを並べて、大きさや太さ比べをしてみまょう。
チームに分かれて、大きさ対決をしても楽しいです。

サツマイモ料理 ⓪①②③④⑤歳児
サツマイモを使った料理を話し合ってみましょう。
どの料理が人気なのか、調べておうちの人に知らせてもいいですね。

サツマイモスタンプ ⓪①②③④⑤歳児
畑に残っている小さなサツマイモや料理で使ったあとの切れ端で、スタンプをして遊んでみましょう。スタンプした形からイメージを膨らませて、車や動物などを作ると楽しいですよ。

触ってみよう！ ⓪①②③④⑤歳児
サツマイモの表面やヒゲなどの感触を楽しみましょう。
何か発見があるかもしれませんね。

ツルで遊ぼう！ ⓪①②③④⑤歳児
短いツルを用意します。相手のツルとクロスさせ、両端を持ってお互いに自分のほうに引っ張ります。ちぎれなかったら勝ちです。

ツルでリース作り ⓪①②③④⑤歳児
① サツマイモのツルの葉を取り、リースにしたい大きさの丸を作り、数回絡めながら巻きます。
② 涼しい場所に干しておきます。
③ リボンや自然物などを付けると、クリスマスの飾りができます。

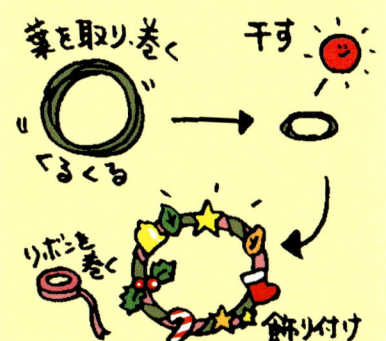

1本のツルにいくつある？ ⓪①②③④⑤歳児
1本のツルにサツマイモがいくつ付いているか、数えてみます。
最高記録はいくつかな？

縄跳び・綱引き ⓪①②③④⑤歳児
長いツルを使って、縄跳びをしたり綱引きをしたりして、遊んでみましょう。

サツマイモのツル伸びるかな？ ⓪①②③④⑤歳児
縦1／3を切り離したペットボトルに水を入れ、サツマイモのツルを水栽培してみましょう。だんだん伸びていきますよ。

植物編

生き物編

育ててみたよ！

身近な自然編

植物編
⑩ ひっつきむし

秋の野原には、草の実がたくさんあります。散歩や遠足に出かけたり草むらに行ったりしたときなどに、探してみましょう。手に取って遊んでみましょう。

アメリカセンダングサ　オオオナモミ　イノコヅチ

はじまりは『共感』から!　見つけよう！　子どもの声を聞いてみよう！　お話ししよう！

（年齢にとらわれないで、感じてください）

痛い！
- トゲトゲがいたい！
- ひっつきむしもいろいろな種類があるからね。これは、アメリカセンダングサっていう名前よ
- ほかにもあるの？
- あるよ。オオオナモミ、イノコヅチ……いっしょに探してみよう

どうしてひっつくの？
- ひっつきむしって、どうしてひっつくの？
- どうしてかな？　不思議だね（よく観察して）
- あっ！　わかった！　"はり" があるんや。はりがささって、ひっつくんや
- すごい！　よく観察したね

なにかくっついている！
- ふくになにかくっついてる
- ひっつきむしだよ
- えっ、ムシ？
- 服にひっつくから、ひっつきむしっていうのよ。虫じゃなくて、植物よ

イノコヅチ

アメリカセンダングサ

オオオナモミ

たくさんあるよ
- ひっつきむしっておもしろいから、たくさんあつめてもってかえろっと
- いろいろな種類があるから、いっしょに見つけてみようか
- うん。みんなにみせてあげる！

おもしろい
（服にひっつきむしを付けて）
- 先生の服に、かわいいお花が咲いたよ
- あっ、かわいい！　わたしもやりたい！
- ひっつくところがおもしろいね
- おもしろいね。ひっつきむしがヒントになって、マジックテープができたんだって

26

⑩ ひっつきむし

いっぱい遊ぼう！

探してみよう！ 〔0 ①②③④⑤歳児〕
身近な草の生えている場所で、ひっつきむしを探してみましょう。

調べてみよう！ 〔0①②③④⑤歳児〕
ひっつきむしと呼ばれている植物を調べてみましょう。
写真と名前をプリントアウトしてはると、ひっつきむし図鑑のでき上がりです。

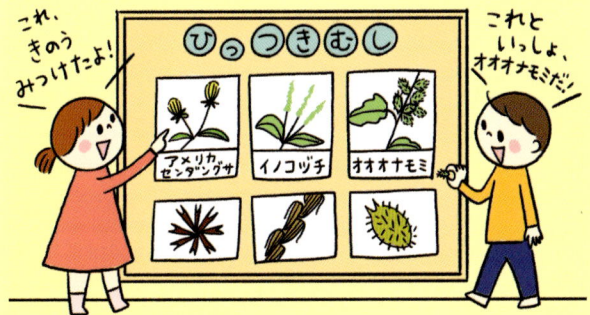

ひっつけたら何できる？ 〔0①②③④⑤歳児〕
適当な大きさのフェルトを壁などにはります。ひっつきむしを並べて、いろいろな形を作ってみましょう。

触ってみよう！ 〔0①②③④⑤歳児〕
手に取って触ってみましょう。チクチクする感触が楽しめます。

拡大してみよう！ 〔0①②③④⑤歳児〕
虫メガネを使って、拡大してみましょう。トゲトゲの部分は、どうなっているのかな？

ひっつけてみよう！ 〔0①②③④⑤歳児〕
着ている服にひっつけてみましょう。いくつひっつくかな？

投げてみよう！ 〔0①②③④⑤歳児〕
フェルトで作った的を用意します。
ダーツのように投げて、中央に近ければ得点が高くなります。

植物編

生き物編

育ててみたよ！

身近な自然編

植物編
⑪ ドングリ

ドングリは、歌や絵本に出てきたり遊びに使ったりして楽しめます。身近な自然に親しみ、遊びを工夫したり考えたりしてみましょう。

はじまりは『共感』から！
見つけよう！　子どもの声を聞いてみよう！　お話ししよう！
（年齢にとらわれないで、感じてください）

ドングリころころ
- ドングリがいっぱいおちている
- 小さくてかわいいドングリね
- こっちにはまーるいドングリがあるよ
- ほそながいのもみつけたよ
- 細長くてちょっと大きいのもあるね。いろいろな種類だね

ツルツルしている！
- うえからドングリがおちてきたよ
- おちたばっかりのドングリはきれい！
- ツルツルしてひかってる
- ほんときれいに光っているわね
- おちたてのドングリはたからものだね

帽子のドングリ
- ぼうしをかぶっているドングリ、みーつけた
- かわいいドングリね
- えほんにでてくるドングリみたい
- ほかにも帽子をかぶっているドングリがあるかな？
- さがしてみる。あっ、おおきいぼうしをかぶったまんまるドングリ、みーつけた！
- ほんとうね。いろいろな帽子があるのね

食べられるの？
- ドングリってクリみたいだけど、たべられるの？
- 食べることができるよ
- ほんとう？たべてみてもいい？
- ちょっと待って。このままだと、渋くておなかが痛くなるから食べないでね。渋みが少ないドングリがあるから、探してみようね

ドングリからムシが出てきた！
朝、登園して来た子どもが、ドングリを入れている箱の中に幼虫（ゾウムシ）を発見して、大騒ぎ。
- あっ、なにかうごいた！
- えっ？　どこ？　あっ、ようちゅうや
- どこからきたんかな？

探しているうちに、ドングリの小さな穴を見つけて…
- あっ、ドングリのなかからでてきたんや
- ドングリムシや！

28

いっぱい遊ぼう！

探しに行こう！ 　0 1 2 3 4 5歳児
※0・1歳児は誤飲に注意

ドングリを探しに行きましょう。いっぱい集められるかな？　どんな形や大きさのドングリが見つけられるかな？

集めてみよう！ 　0 1 2 3 4 5歳児

ドングリはたくさんの種類があります。大小の違い、太さの違いや長さの違いなどです。種類別に分類できるように容器を用意しておき、たくさん集めてみましょう。
大きさや形を比べたり、数を数えたり、名前を調べたりして楽しみましょう。

「どうして？」「やってみよう！」がいっぱい！ 　0 1 2 3 4 5歳児

ドングリを使った遊びが紹介してある本や図鑑を身近に置いておくと、子どもが興味を持った遊びをやってみたり、疑問に思ったことを調べたりしますよ。

『秋の自然マップ』を作ろう！ 　0 1 2 3 4 5歳児

園庭や近くの公園など、周辺の地図に、見たり触ったりできる自然物を書き込み、『秋の自然マップ』を作ると楽しいです。

表情豊かなドングリさん 　0 1 2 3 4 5歳児

ドングリに顔を描いたり動眼を付けたりします。胴体や手足になるドングリに穴をあけ、適当な長さの小枝を差します。

クルクルこま 　0 1 2 3 4 5歳児

頭の中央に穴をあけ、木工用接着剤を入れて、つまようじを差します。だれのこまが最後まで回っているでしょうか？

ユラユラやじろべい 　0 1 2 3 4 5歳児

ドングリに目打ちなどで穴をあけ、中央につまようじを、左右に竹串を差します。
手に乗せたり、ペットボトルに乗せたりして楽しみましょう。

ドングリゲーム 　0 1 2 3 4 5歳児

段ボールや板に小枝を付けたり釘を打ち付けたりして、ゲームを作ります。
ゴールできるでしょうか？

飾ってみよう 　0 1 2 3 4 5歳児

ドングリや小枝を使って、写真立てやボードを作ってみましょう。

植物編　生き物編　育ててみたよ！　身近な自然編

🍀 植物編
⑫ モミジ・イチョウ

紅葉がきれいに見える秋も深まったころ、モミジは赤くイチョウは黄色く色鮮やかな季節を迎えます。葉っぱを使って、友達と楽しく遊びましょう。

はじまりは『共感』から！　見つけよう！　子どもの声を聞いてみよう！　お話ししよう！

（年齢にとらわれないで、感じてください）

みーつけた！
街路樹のイチョウの葉の変化に気づいて毎日見ている子どもたち。ある日、黄色い葉っぱがたくさん落ちているのを見つけて、さっそく拾いに行きました。

- うわぁ、おっきいはっぱ、みーつけた
- わたしは、こんなちっちゃいはっぱみつけたよ
- わたしのもちいさくてかわいいよ
- くらべてみよう
- きれいなきいろいはっぱ、みーつけた

1枚1枚、色も形も違う落ち葉を拾って楽しんでいました。

手の形に似ている
- このはっぱのなまえは？
- モミジよ
- モミジっていうの？わたしのてとおなじかたちをしているよ
- 本当、そっくりね

穴から見えた
- きれいなはっぱをひろったよ。あながあいているから、のぞいてみよう
- 何か見えた？
- ○○くんがみえた！
- おもしろそう。あなのあいたはっぱをみつけてみよう
- みんなでやってみようか
- うん、やってみよう

きれいな葉っぱ
- きいろいはっぱをいっぱいあつめたら、はなたばができたよ
- まとめるときれいね
- リボンをつけてもいい？
- うわぁ、花束みたいね。すてき！
- おかあさんにプレゼントしよう！

どうして赤や黄色になるの？
- おちばをひろったけど、どうしてあかになったりきいろになったりするの？
- それはね、冬になると葉が落ちるから、そのための準備をしているところなのよ
- ふゆのじゅんびかぁ
- 気温が低くなってきたら、今まで見えなかった色が浮き出てくるみたいね

いっぱい遊ぼう！

落ち葉を拾いに行こう！ ⓪①②③④⑤歳児

いろいろな紅葉の落ち葉を拾いに行きましょう。どんな落ち葉が見つけられるかな？

のぞいてみよう！ ⓪①②③④⑤歳児

葉っぱの穴からのぞいてみよう。何が見えるでしょう？
いつもの景色が違って見えるかもしれませんね。

夏から秋の変化 ⓪①②③④⑤歳児

夏のイチョウ・モミジの色を写真に撮ったり絵を描いたりしておきます。秋になり、もう一度写真を撮ったり絵を描いたりして、葉っぱの色の変化を見てみましょう。

手に乗せて比べてみよう！ ⓪①②③④⑤歳児

モミジの葉っぱを手に乗せて、比べてみます。自分の手とどちらが大きいかな？
『もみじ』（P.74参照）を歌ってみるのも楽しいですよ。

葉っぱのおすもう ⓪①②③④⑤歳児

ひとり1枚のイチョウの葉を持ち、相手を見つけます。クロスさせて、引っ張りっこをしてみましょう。どちらが強いかな？

イチョウの花束 ⓪①②③④⑤歳児

葉っぱをたくさん束ねて、ゴムでまとめ、リボンを付けて花束にしてみたり、バラのようにしてみたりして、遊んでみましょう。

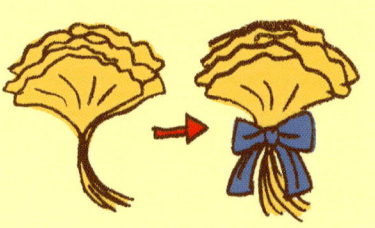

かわいい顔 ⓪①②③④⑤歳児

葉っぱを切ったり折ったり、くっつけたりして動物や人の顔などを作ってみましょう。
画用紙や紙皿、紙コップなどにはり付けてもいいですね。

⑫モミジ・イチョウ

植物編 / 生き物編 / 育ててみたよ！ / 身近な自然編

生き物編
①チョウチョウ

ヒラヒラと飛ぶチョウチョウを見つけるだけでうれしくなります。うれしい気持ちを共感しましょう。

はじまりは『共感』から！ 見つけよう！　子どもの声を聞いてみよう！　お話ししよう！

（年齢にとらわれないで、感じてください）

あっ！ チョウチョウ！
- あっ！ チョウチョウ！
- わぁ！ ほんとうだね。
- どこいくの〜？ まって〜
- 待って待って〜
- どこにいったのかな？
- どこかな？
- おはなをさがしにいったのかな？

飛び去った後も、思いを寄せています。

し〜っ！
- あっ！ アゲハチョウ！
- きれい！
- ほんとにきれいねぇ

そっと近づき、小声で
- しーっ！ おはなのみつ、のんでる！
- ほんとや、ストローがみえた！

めいろだ！
- チョウチョウってめいろがすきなの？
- どうしてそう思ったの？
- はねがめいろみたい！
- ほんとだ！
- チョウチョウのめいろであそんでみたいな

おもしろいかたち！
- はね、おもしろいかたち！
- どんな形？
- ギザギザして、したがピューってしてる
- おもしろいね！
- うん！

32

いっぱい遊ぼう！

まてまてチョウチョウ　0 1 2 3 4 5歳児

チョウチョウを見つけると子どもは大喜びで必ず追いかけます。ヒラヒラ飛ぶチョウチョウ、捕まえられるかな？

パッと開いたらきれい！デカルコマニー　0 1 2 3 4 5歳児

パッと開いたら、きれいなチョウチョウができるデカルコマニーです。子どもたちそれぞれのチョウチョウができますよ。

1. 八つ切りの半分の大きさの画用紙を二つに折り、チョウチョウの形に切ります。
2. 開いた片方に濃いめに溶いた絵の具を付けます。
3. 二つに折ってよく押さえます。
4. パッと開いてでき上がり。

偶然にできる模様の美しさやおもしろさを楽しみながら、何度も繰り返し試して遊びましょう。

パンパンパン！　0 1 2 3 4 5歳児

手拍子に合わせて変身する遊びです。

ポーズ

たまご　　幼虫　　さなぎ　　チョウチョウ（成虫）

1. みんなで手拍子を3回します。
2. 保育者が、変身するものを言います。子どもはそのポーズをします。繰り返します。
3. チョウチョウ（成虫）のときは、子どもが逃げ、保育者が追いかけて、子どもを捕まえます。
1～3を繰り返します。

捕まった子が、何になるのか言う役になっても楽しいです。

いろいろなチョウチョウ見つけたよ！　0 1 2 3 4 5歳児

季節や地域によって、いろいろなチョウチョウがいます。散歩や遠足に出かけたときに見かけたら、「○○いろだ！」「ヒラヒラしてる！」など、たくさんお話ししましょう。

モンシロチョウ

アオスジアゲハ

ツマグロヒョウモン

チョウチョウ発見隊　0 1 2 3 4 5歳児

チョウチョウを見つけたら報告する発見隊です。『チョウチョウはっけんひょう』に見つけた数だけシールをはるのもいいですね。

チョウチョウ　お花にとまれ！　0 1 2 3 4 5歳児

チョウチョウと花になって、遊んでみましょう。

1. 子どもが、チューリップやタンポポなど好きな花になります。
2. 保育者がチョウチョウになって、飛んで行って、花のにおいをかいだり、みつを吸ったりします。

子ども同士で遊んでも楽しいです。

歌おう！『ちょうちょう』　0 1 2 3 4 5歳児

（訳詞：野村秋足　スペイン民謡）
チョウチョウの動きをまねしながら、体を動かして歌うと楽しいです。

ちょうちょう　ちょうちょう　なのはに　とまれ
なのはに　あいたら　さくらに　とまれ
さくらの　はなの　はなから　はなへ
とまれよ　あそべ　あそべよ　とまれ

P.67　育ててみたよ！　チョウチョウも参照

植物編／生き物編／育ててみたよ！／身近な自然編

生き物編
②アリ

身近な虫のアリ。たくさんのアリに子どもたちは興味津々。何をしているのかな？ どこへ行くのかな？ 好奇心が膨らみます。

 はじまりは『共感』から！

見つけよう！ 子どもの声を聞いてみよう！ お話ししよう！
（年齢にとらわれないで、感じてください）

力持ち！
- アリさん、ちからもちだね
- 本当だね
- じぶんよりおっきいものをはこんでる
- すごいね！

みんなでいっしょに！
- にもついっぱいだね
- そうだね。今食べる物だけじゃなく、寒くなる前には、冬の食べ物も準備するのよ
- いっぱいいるから、たいへんだね。みんなでやらなきゃね
- 力を合わせてるね。○○組のみんなと同じだね

アリさんの行列
- わぁ！ アリさんがいっぱいいる！
- どこまでつづいているんやろ
- どこかな？
- （アリの行列をたどって）
- どんどんつづいてる！
- あっ！ あなにはいっていくよ
- ここがアリさんのおうちなんだね

アリは強いんだ！
- アリさんって、おおきいものも、ちいさくしてもっていくね
- そうだね。あごが強いのよ！よくかんでるから、どんどん強くなるのよ
- すごいね。ぼくもいっぱいかんでつよくなる！

でこぼこ道もへっちゃら！
- でこぼこのみちなのに、どんどんすすんでる
- そうだね
- あしがながいから、さかみちものぼれるのかな
- ヒョイヒョイってのぼっていくね
- すごーい！ どこでもへっちゃらだ！

おしりがおっきい！
- アリさん、ちっちゃいのに、おしりはおっきい！
- 本当に、おっきいね
- おもしろい！
- おもしろいね

いっぱい遊ぼう！

アリさんどこ行くの？ `0 1 2 3 4 5歳児`

アリの行列を発見したら、どこまで続いているのか、たどってみると楽しいです。子どもたちは興味深く、じーっと眺めていますよ。

特別にプレゼント `0 1 2 3 4 5歳児`

アリは甘い物が大好き。おやつに出た物を少し分けてみましょう。どんどん集まってきますよ。みんなで分け合いっこしてね。

アリさんの行列でドン！ `0 1 2 3 4 5歳児`

みんなでアリさんになって遊びます。
1. ピアノやBGMを流し、その間は自由に歩きます。
2. ピアノやBGMが止まったら、近くの人と、両手でハイタッチをして、ジャンケンをします。
3. 負けた人は、勝った人の後ろで両肩を持ち、つながって歩きます。

1〜3を繰り返します。

大きいアリもいる！ `0 1 2 3 4 5歳児`

ほかの生き物に比べると小さいアリですが、アリの中でも大きいものもいて、驚きますよ。自分の指で大きさを比べてみるとおもしろいですね。

アリの巣、どんな巣？ `0 1 2 3 4 5歳児`

アリは地面を深く掘って巣を作っています。どんな部屋があるのか子どもたちと話をしながらイメージを膨らませて描いていきましょう。

力持ち！ 荷物運びリレー `0 1 2 3 4 5歳児`

チームに分かれ、大きな段ボール箱を運びます。どのチームが先に運び終わるか競争です。
1. 大きな段ボール箱を持って、カラー標識を回ります。
2. 戻ってきたら、次の人に渡します。
3. 1 2を繰り返し、先に最後の人まで終わったチームが勝ちです。

段ボール箱の大きさを変えたり、持ち方を工夫すると楽しいです。

歌おう！『おつかいありさん』 `0 1 2 3 4 5歳児`

（作詞：関根栄一　作曲：團伊玖磨）
かわいいアリさんになって、歌ってみましょう。「こっつんこ」で友達と手を合わせると楽しいですよ。4、5歳児には、『ありさんのおはなし』（P.74）もおすすめです。

生き物編
③ テントウムシ

赤くて小さいテントウムシ。見つけたら思わずだれかに言いたくなりますよね。うれしい気持ちを共感しましょう。

 **はじまりは『共感』から！**　見つけよう！　子どもの声を聞いてみよう！　お話ししよう！
（年齢にとらわれないで、感じてください）

ちっちゃいの！
- テントウムシみつけたよ！
- わぁ！　すごいね！
- かわいかったよ！すごくちっちゃいの！
- ちっちゃいのね！
- うん！　かわいいの！

ピカッと光って
- あっ、テントウムシのせなか、ピカッとひかってきれい！
- ボタンみたい！
- なるほど、かわいいボタンね
- ツルツルや！　きもちいいー

さっそく、捕まえようとすると、ツルッと滑って下に落ちて見失ってしまいました
- あれ？　どこいった？もういいよー、でておいでー

テンテンもよう
花の水やりをしていて、テントウムシを見つけると、大喜びの子どもたち
- あっ！　テントウムシ！
- ナナホシテントウや！テンテンが7つあるからね
- へぇーすごい！よく知ってるね

くすぐったい！
捕まえたテントウムシをそっと手のひらに乗せて観察していると…
- うわぁ！　くすぐったい！
- はやい！　はやい！
- あっ！　どこいくの？
- あ〜あ、とんじゃった！
- ちっちゃいはねがみえたよ！
- ほんと！　かわいい羽があったね

36

③テントウムシ

いっぱい遊ぼう！

テントウムシ発見！ 0❶❷❸❹❺歳児

見つけたときの喜びやうれしさをみんなで共有しましょう。「どんなテントウムシだった？」と話を聞きながら図鑑を見てみるのもいいですね。
『てんとうむし』（P.75参照）をいっしょに歌ってみるのも楽しいです。

どんな大きさ？ 0❶❷❸❹❺歳児

テントウムシはどのくらいの大きさだったか、手で示してみましょう。とても小さいので、小さい競争になってしまいそうですね。
「テントウムシと同じ大きさのものど〜れだ？」と、保育室の中を探してみるのも楽しいですよ。

テントウムシを作ろう！ 0❶❷❸❹❺歳児

丸く切った赤や黄色の色画用紙に、指スタンプをしたり、パスで模様を描いたりして、オリジナルのテントウムシを作ってみましょう。足はモールを付けてもいいですね。

ほしテントウ　ハートテントウ　ギザギザテントウ

卵や幼虫を見つけよう！ 0❶❷❸❹❺歳児

アブラムシがたくさんいる草や木のところを注意深く探すと、テントウムシの卵や幼虫を見つけることができます。

P.67 育ててみたよ！ テントウムシを参照

いろいろな模様 0❶❷❸❹❺歳児

テントウムシにもいろいろな模様があります。見つけたら、よく見てみましょう。

ナミテントウ　カメノコテントウ

テントウムシど〜こだ？ 0❶❷❸❹❺歳児

色画用紙で作ったテントウムシを丸めたクラフトテープで服にはり付けて、テントウムシ探しをしてみましょう。
2人組になって探し合いっこをするのも楽しいですよ。

いくつか作って保育室にはり、みんなで探すのも楽しいですね。見つけられるかな？

植物編 ｜ 生き物編 ｜ 育ててみたよ！ ｜ 身近な自然編

生き物編
④ダンゴムシ

丸まったり隠れたり、ダンゴムシの行動は、子どもの心をくすぐります。見たり触ったりして、親しみましょう。

はじまりは『共感』から! 見つけよう！ 子どもの声を聞いてみよう！ お話ししよう！

（年齢にとらわれないで、感じてください）

どこにいるのかな？
- ダンゴムシさがそう！
- どこにいるの？
- うえきばちのしたや はっぱのしたにいるよ
- へーぇ、よく知ってるね！
- せんせいもいっしょに さがそう！ おしえてあげるよ

ダンゴムシの家族
- わぁ、たくさん見つけたね
- これがぼくのダンゴムシ こっちはおとうさんで、こっちはおかあさん ちっちゃいのがあかちゃん おじいちゃんと おばあちゃんもいるよ
- すごーい。ダンゴムシの家族だね
- うん、だいかぞくやで！

まるくなったよ！
- みてみて！ まるくなったよ！
- ダンゴみたい！
- ほんとだね。どうして丸くなるのかな？
- さわったから、びっくりしたのかな

うわ！足がいっぱい！
見つけたダンゴムシを大切に手のひらに乗せて…
- ふふっ。くすぐったい
- どうしたの？
- ダンゴムシがモゾモゾしてる。うわぁ、あしがいっぱいある！
- なんぼんあるんやろ？
- 1、2、3…。あーうごくからわからへん！
- ほんとやね、たくさんあるね。何本あるのかな？
- あっ、ひげもあるよ！
- かおはかわいい！
- えっ、かお？ どこ？ ほんとにかわいいね

保育者は子どものいろいろな気づきを受け止め共感していきます。

体が白い？
- せんせい、たいへん！ダンゴムシがしろくなった！
- えーどうしたのかな？
- しんどいのかな？ けがしたのかな？ びょうきかな？ しらべてみよう！

図鑑や絵本で調べてみると…
- あっ！ だっぴってかいてあるよ
- へー、ザリガニといっしょや！ だっぴしておおきくなるんや！
- すごいね。
- そうだ、ダンゴムシのおたんじょうかいして おいわいしよう！
- 楽しそうだね

いっぱい遊ぼう！

ダンゴムシ見っけ！
春になると毎日のように、植木鉢やプランターを動かしたり、植木の根元の土を掘ったり、落ち葉をめくったりして、ダンゴムシ探しを始める子どもたち。ほかにはどんなところにいるのかな？　何匹見つけることができるかな？

たくさん集めたよ！
たくさん集めるのがおもしろくて、カップにいっぱい入れている子どももいます。中には、ポケットに入れている子どもがいて、保育室で発見して大騒ぎになることも…。絵本や図鑑を見ながら、ダンゴムシについて調べ、飼育に挑戦してみるといいですね。好きな食べ物は何かな？　どこで眠るのかな？

P.68　育ててみたよ！　ダンゴムシを参照

ダンゴムシでゴロゴロ
丸まってダンゴムシになってゴロゴロしてみましょう。ゆったり過ごしたいときにおすすめです。

ダンゴムシってどんなの？
見つけてきたダンゴムシを、じっくりと観察してみましょう。足は何本ある？　胴体の節はいくつある？　オスとメスの違いは？　子どもの素朴な思いを聞いてみましょう。クリアフォルダーなどの透明なシートの上に乗せて、下からのぞいてみると楽しいですよ。

ダンゴムシ迷路
ダンゴムシは壁にぶつかると、左右交互に曲がって進む習性があります。お菓子の空き箱などを使って、迷路を作ってみましょう。無事ゴールできるダンゴムシはいるかな？

ダンゴムシ競争
平たい空き箱の底に、2重の円を描いて、スタートとゴールにします。内側の円にダンゴムシを置いて、スタート。だれのダンゴムシが早くゴールするか、楽しみです。

ダンゴムシが丸まらない！？
ダンゴムシと間違えやすいワラジムシ。ふたつを比べてみましょう。形が違う、足の早さが違う、丸くならないなど、いろいろな違いが発見できるでしょう。

生き物編
⑤アマガエル

雨の日になると、あちらこちらから聞こえてくるカエルの声。小動物に関心を持ついい機会です。じっくり見たり調べたりしてみましょう。

はじまりは『共感』から！　見つけよう！　子どもの声を聞いてみよう！　お話ししよう！

（年齢にとらわれないで、感じてください）

子どもかな？大人かな？
- みてみてカエルみつけたよ
- ちっちゃくてかわいい
- かわいいね
- ちいさいからこどもかな？
- どうかな？
- あっ！　そうだ！　カエルのこどもはオタマジャクシだった！
- ちっちゃいけど、おとなだ！
- よく気がついたね

ヌルヌルしてる！
- うわ！　なんだかヌルヌルしてる！
- えっ、どこ？（触ってみる）ほんとやね、よく気がついたね
- カサカサになったらどうなるの？
- 干からびて死んでしまうの。カエルにとっては大変なことね
- だから、ヌルヌルしているのかー
- そうね。生きるために大切なことなのよ

名人だね！
- わ！　ピョンってとんだ！
- すごいね
- ジャンプのめいじんだね
- ほんとうだね

どんな鳴き声？
- カエルはゲロゲロってなくの？
- どうかな？
- あめのひやねるときにきいてみるクワックワッてなくのかな？
- カエルは規則正しく、ほかのカエルと順番に交互に鳴くのよ
- へぇ～、うたといっしょだ
- そうね

色が変わるらしい!?
- アマガエルの不思議な力って知っている？
- しらない
- 実は、体の色を変えることができるんだって
- すごい！
- 土の上、葉っぱの上、枯れ葉の中、木の幹などで違うみたいよ
- えっ？　みたい！　みたい！
- 見てみたいね

⑤アマガエル

いっぱい遊ぼう！

見つけてみよう！ 0 1 2 3 4 5歳児
園庭、公園や池などで、アマガエルを見つけてみましょう。どんなところで見つけることができるか、楽しみですね。

調べてみよう 0 1 2 3 4 5歳児
不思議に思うことや感じたことを、調べてみましょう。グループになって調べるのもいいですね。

ジャンプしてみよう 0 1 2 3 4 5歳児
カエルの動きをまねして遊んでみましょう。
ジャンプや泳ぎ方などに、みんなで挑戦してみると楽しいですよ。

観察してみよう 0 1 2 3 4 5歳児
飼育ケースに入れて、じっくり観察してみましょう。水かき、手や足など、どのようになっているのかな？

大ジャンプでピョン！ 0 1 2 3 4 5歳児
牛乳パックを切り、輪ゴムを掛けて、『ピョンピョンガエル』のでき上がり。

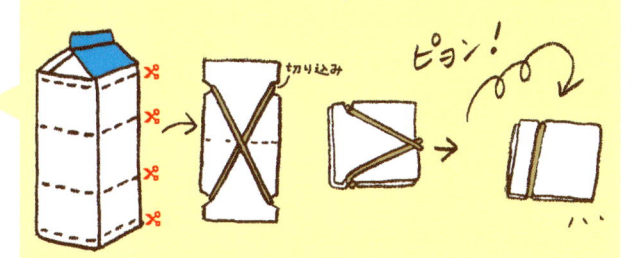

厚紙にしたり、輪ゴムを2本・3本にしてもいいですよ。

歌ってみよう！『かえるの合唱』 0 1 2 3 4 5歳児
（訳詞：岡本敏明　ドイツ民謡）
かわいい赤ちゃんガエル、元気なお兄ちゃんガエルなど、歌い方を変えてみると楽しいですよ。オスのカエルは、隣り合うカエルと重ならないように、交互に鳴くそうです。
5歳児は輪唱にチャレンジ！ まず、子どもたちが先に歌って、保育者が後から追いかけます。やり方がわかったら、子どもたちだけで楽しめるようになります。

元気よく
かえるの うたが きこえて くるよ
クワッ クワッ クワッ クワッ ケケケケケケケケ クワックワックワッ

4、5歳児には、『だから雨ふり』（P.75参照）もおすすめです。雨ふりの日に、お話をするように歌ってみましょう。

植物編 / 生き物編 / 育ててみたよ！ / 身近な自然編

41

生き物編
❻カタツムリ

雨の日、葉っぱの上で元気に遊んでいるカタツムリ。じっくり見たり触ったりして、いろいろな発見をしてみましょう。

はじまりは『共感』から! 　見つけよう！　子どもの声を聞いてみよう！　お話ししよう！

（年齢にとらわれないで、感じてください）

たくさん歯があるの？

- 👩 カタツムリには歯があるでしょうか、ないでしょうか？
- 👧 ないんじゃないの？
- 👧 あるとおもう！
- 👩 正解だよ
- 👧 どんなはなの？
- 👩 やすりのような歯でけずってたべるのよ！
- 👧 へぇー、みてみたいな

おばけみたい！

- 👧 カタツムリはあしがないね
- 👧 ペラペラしたところが、あしだとおもうよ
- 👩 カタツムリの足には骨がないのよ。筋肉でできているから、波のように進むの
- 👧 クネクネおばけみたいだね

ナメクジと同じ？

- 👧 カタツムリににたのはなんというなまえ？
- 👧 ナメクジっていうの
- 👧 ナメクジはおうちがないけど、カタツムリにはあるよ
- 👩 そうね。カタツムリはおうちがないと生きていけないのよ

ツノが出た！

小雨の中、傘をさして雨ふり散歩をしていると、アジサイの葉っぱの上にカタツムリを見つけて…

- 👧 あっ！　カタツムリ、はっけん！
- 👧 どこどこ？

あっという間に、子どもたちがどんどん集まってきました。

- 👧 あっ！　ツノがでてきた！
- 👧 すごーい！　のびるのびるー！
- 👧 あっちこっちみてるよ
- 👧 なにみてるのかな？
- 👧 みんながきたからびっくりしているみたいや

保育者は、子どもひとりひとりの気づきに耳を傾けながら、思いを受け止めていきます。

（指先でチョン！　とツノの先を触ると…、見る間に引っ込んでしまい…）

- 👧 あーあ、ひっこんじゃったー

『カタツムリ』（文部省唱歌）の歌を小声で歌いながら、またツノが出てくるのを期待して待っていました。

※カタツムリは肺があるので、大雨は苦手な生き物です。

いっぱい遊ぼう！

見つけられるかな？
小雨や雨上がりに、子どもたちといっしょにカタツムリを探してみましょう。どんな場所にいるかな？ 何匹見つけることができるかな？

調べてみよう
カタツムリは殻がなくなるとどうなるの？
ナメクジとの違いは？
足には骨がないの？
オスとメスの見分け方は？
子どもたちが疑問に感じたことを、図鑑や絵本を使って、調べてみましょう。

カタツムリは忍者！？
空き箱を用意したり、棒を2本立ててひもを張ったりして、カタツムリを乗せてみましょう。
カタツムリは進んで行くのか行かないのか、子どもたちといっしょに、予想してみましょう。

カタツムリの足跡
カタツムリをじっくり見てみましょう。黒画用紙の上に置くと、歩いた跡が残るかもしれません。渦巻きは右？ 左？ ほかにもいろいろな発見がありそうですね。

カタツムリを飼育してみよう！
飼育ケースの中に、土や葉っぱを入れて飼育してみましょう。触ったら、必ず手を洗いましょう。乾燥しないように霧吹きで水分を与えます。エサは小皿に乗せましょう。

P.68 育ててみたよ！ カタツムリを参照

ウンチの色が変わるよ！
カタツムリは、食べた物によってウンチの色が変わります。
- ニンジン→だいだい色
- サツマイモ→白色
- キャベツ→黄緑色
- あかピーマン→赤色
- キュウリ→緑色

グルグルカタツムリの製作
紙皿や画用紙を用意します。ペンやクレヨンなどで模様を描いたり、絵の具で塗ったりしてみましょう。殻ができたら、画用紙で作った体に付けてみましょう。いろいろなカタツムリができますよ。

生き物編
⑦ザリガニ

川や池などをのぞくと、大きなハサミを振り上げたザリガニを発見。見たり触ったり捕まえたりして、遊んでみましょう。

はじまりは『共感』から！

見つけよう！　子どもの声を聞いてみよう！　お話ししよう！
（年齢にとらわれないで、感じてください）

ハサミがすごい！
- ザリガニのハサミはつよそう！かみもきれるかな？
- 食べ物を口に入れたり、相手を威嚇（いかく）したりするのに使うみたいだから、紙は切れるかな？
- こんどやってみる！

好奇心が次の活動につながっていきます。

ひっくりかえりそう
- ザリガニがびっくりして、ひっくりかえりそう
- 何に驚いたのかな？
- 「おはよう」ってはなしをしたからおどろいたのかも？

ハサミのおはし
- あっ！　エサをたべてる！
- ハサミでもってたべるんだね
- えっ？　どこ？うわ！　本当だ！
- ハサミのおはしみたい！
- 本当にじょうずに食べているね。○○ちゃん、大発見だね！

食べられるのかな？
- あっ！　ハサミでにぼしをつかまえた！　たべるかな？

じっと見ています。保育者もいっしょに見守ります。

- あっ！　にぼしをまわしてる！
- なんでかな？
- たべられるかどうか、しらべてるのかな？
- 本当に調べているみたいだね
- あっ！　たべた！
- にぼし、おいしい？

ザリガニのけんか
- ザリガニがけんかしているよ
- ハサミをふりあげてる
- バシャバシャすごいね
- ザリガニは長いひげに当たっただけで、けんかをするんだって
- すぐけんかするんだね
- なかよくあそんだらいいのに！
- ほんと○○組のみんなのように遊べたらいいのにね

大変ザリガニが…
- あっ、ザリガニがしんでる！
- えー
- あれ、ふえているのかな？しろいザリガニがいるよ
- だっぴしたんだ（虫博士）
- えっ、だっぴ？
- ふくがちいさくなって、ぬいだんだよ
- ○○ちゃん、よく知っているね。小さくなった服を脱いで大きくなるのね
- へ〜、すごーい。たのしみ…

44

❼ ザリガニ

いっぱい遊ぼう！

見つけてみよう！　⓪①②③④⑤歳児

散歩や遠足に行ったときに、ザリガニを探してみましょう。どのような場所にいるのか、周りは何があるのかなど、見てみましょう。

調べてみよう　⓪①②③④⑤歳児

ザリガニの種類や特徴、足の数、ハサミが取れても生えてくること、食べ物など、気になることを図鑑や絵本などで調べてみましょう。

作って遊ぼう！ザリガニつり　⓪①②③④⑤歳児

空き箱や厚紙などを使って、ザリガニを作ります。
棒に糸やひもを付け、先にはクリップやS字フックなどを付けて、さおを作ります。池に見たてた場所で、ザリガニ釣りをやってみましょう。

釣ってみよう　⓪①②③④⑤歳児

糸を持って実際に釣ってみましょう。
どうやったら釣れるかな？　図鑑で調べて、試してみましょう。

観察してみよう　⓪①②③④⑤歳児

タライのような広い入れ物に入れると、動きや特徴がよく観察できます。大きなハサミのザリガニは、とても魅力的なので、すぐに子どもたちが集まってきます。

P.69　育ててみたよ！　ザリガニを参照

つかんでみよう！　⓪①②③④⑤歳児

ザリガニを触ろうとすると、大きなハサミを振り上げます。挟まれないためには、ザリガニの胸を上からつかみましょう。ちょっとドキドキ…。でも勇気を出して、ソレ！

ザリガニの絵を描いてみよう　⓪①②③④⑤歳児

墨や黒絵の具、油性フェルトペンなどを使って、ザリガニを描いてみましょう。色付けは、薄く溶いた絵の具やパスを使ったり、コンテでこすって塗ったりすると、味わいのある絵にしあがります。

生き物編
⑧ クワガタムシ

子どもたちに人気のクワガタムシ。大あごで勇ましくたたかう姿が魅力です。観察したり飼育したりしてみましょう。

はじまりは『共感』から！　見つけよう！　子どもの声を聞いてみよう！　お話ししよう！

（年齢にとらわれないで、感じてください）

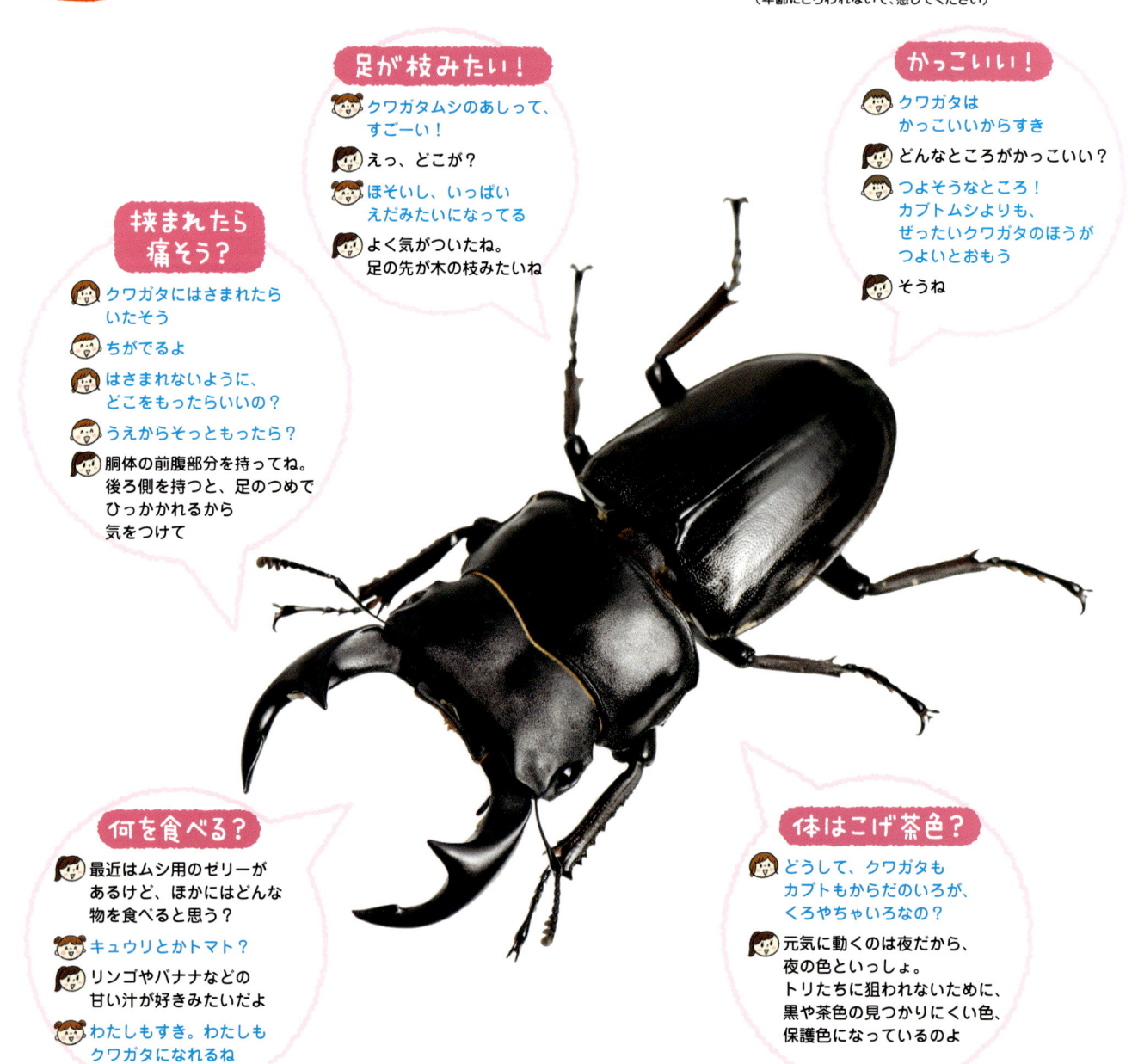

足が枝みたい！
- クワガタムシのあしって、すごーい！
- えっ、どこが？
- ほそいし、いっぱいえだみたいになってる
- よく気がついたね。足の先が木の枝みたいね

かっこいい！
- クワガタはかっこいいからすき
- どんなところがかっこいい？
- つよそうなところ！カブトムシよりも、ぜったいクワガタのほうがつよいとおもう
- そうね

挟まれたら痛そう？
- クワガタにはさまれたらいたそう
- ちがでるよ
- はさまれないように、どこをもったらいいの？
- うえからそっともったら？
- 胴体の前腹部分を持ってね。後ろ側を持つと、足のつめでひっかかれるから気をつけて

何を食べる？
- 最近はムシ用のゼリーがあるけど、ほかにはどんな物を食べると思う？
- キュウリとかトマト？
- リンゴやバナナなどの甘い汁が好きみたいだよ
- わたしもすき。わたしもクワガタになれるね

体はこげ茶色？
- どうして、クワガタもカブトもからだのいろが、くろやちゃいろなの？
- 元気に動くのは夜だから、夜の色といっしょ。トリたちに狙われないために、黒や茶色の見つかりにくい色、保護色になっているのよ

いっぱい遊ぼう！

見つけてみよう　0 1 2 **3 4 5** 歳児

木がたくさん茂っている場所や森林公園などに出かけたら、クワガタムシがどのような場所にいるのか、探してみましょう。見つかるかな？

調べてみよう　0 1 2 **3 4 5** 歳児

「どんなところに住んでいるの？」「何を食べているの？」クワガタムシについて、気になることが出てきたら、調べてみましょう。

トントンずもうで勝負！　0 1 2 **3 4 5** 歳児

画用紙や牛乳パックなどでクワガタムシを自由に作ってみましょう。箱を用意し、二つのクワガタムシを向かい合わせに置きます。箱の周りを軽くたたいて、先に箱の外に出たり、倒れたりしたほうが負けです。どちらが勝つかな？

触ってみよう　0 1 2 **3 4 5** 歳児

実際に手に取ってみましょう。体のツヤ、おなかや足など、じっくり観察してみましょう。

育ててみよう　0 1 2 **3 4 5** 歳児

クワガタムシを飼育ケースに入れて育ててみましょう。観察することで、新たな発見があるかもしれません。

夏の部屋飾り　0 1 2 **3 4 5** 歳児

色紙や色画用紙、小さな箱、モールなど、身近な材料で、クワガタムシやカブトムシなどの夏の虫を作りましょう。できた虫で遊んだり、壁面の木に自由に飾ったりして楽しみましょう。

⑧ クワガタムシ

植物編 ／ 生き物編 ／ 育ててみたよ！ ／ 身近な自然編

生き物編
⑨カブトムシ

昆虫の王様カブトムシ。力強い角を武器に夏になると元気な姿を現します。飼育して観察したり調べたりしてみましょう。

> **はじまりは『共感』から！** 見つけよう！ 子どもの声を聞いてみよう！ お話ししよう！
> （年齢にとらわれないで、感じてください）

どっちが好き？
- カブトムシとクワガタムシはどっちがすき？
- どっちもかっこいいな
- ぼくはカブトムシ！つのがかっこいいから
- クワガタムシも角があるよ
- いっぽんのほうがつよそうだよ

オスとメスはぜんぜん違う
- みてみて！ カブトのオスとメス、どっちかわかる？
- 角があるのとないのがいるね
- つのがあるのがオスで、つのがないのがメスだよ
- よく知っているね
- おにいちゃんにおしえてもらったよ

何年生きるの？
- カブトムシはどれくらいいきるの？
- そうね。どれくらいだと思う？
- ぼくが5さいだから、おなじくらい5ねん？
- いっしょに調べてみようか（図鑑を見て…）卵を生んで、秋になるころには死んでしまうんだって
- へー、なつだけしかいきられないんだね

いつ遊ぶの？
- カブトムシはいつあそぶの？
- よるだよ（虫博士）
- よるになにをしているの？
- きのみつをすっているんだよ
- へぇー、ひるはなにしているの？
- ねむってるよ
- よく知っているね
- ひるにねて、よるおきるのって、わたしのおとうさんみたい。よるおきてしごとにいくことがあるから
- もしかしたら、お父さんはカブトムシを見ているかもしれないね

本当に飛ぶの？
- カブトムシがとぶところってみたことがない。ほんとうにとぶの？
- う〜ん、羽が付いているから飛ぶのかな？
- どうしたらとぶの？
- 夜になると光に向かって飛ぶのかな？

⑨カブトムシ

いっぱい遊ぼう！

どんなところにいるのかな？ 0 1 2 **3 4 5**歳児

カブトムシは夕方から夜明けに活動するので昼間は見かけませんが、散歩や遠足などに出かけたとき、樹液の出るクヌギなど、カブトムシが好む木を探してみましょう。カブトムシが大好きな「虫博士」の出番かもしれませんね。

ここかな？
おとうさんとみつけたよ

見てみよう！ 0 1 **2 3 4 5**歳児

カブトムシを見る機会があれば、虫メガネを使って拡大して、体のツヤ、角、足などをじっくりと観察してみましょう。

つのがすごい！
かっこいい！

描いてみよう！ 0 1 2 **3 4 5**歳児

さまざまな大きさの画用紙や布に、思い思いに夏の虫を描いてみましょう。絵の具や墨汁を使ったり、割りばしやワラなど材質や太さを工夫したりすると楽しいですよ。

つのがかっこいい！

調べてみよう！ 0 1 2 3 **4 5**歳児

カブトムシの行動や好きな食べ物など、絵本や図鑑を使って気になることを調べてみましょう。調べたことをクイズにしてもいいですね。

みつけられなかったけどどこにいるのかな？
いつうごいてるのかな？
あかちゃんはしろいね

ぼくのカブトムシ、強いぞ！ 0 1 2 **3 4 5**歳児

粘土で立体的に作ってみましょう。強い角はどんな形かな？　どんなカブトができるかな？　小枝や割りばしなどの素材も用意すると、よりイメージが膨らみますよ。

めくって、ポン！ 0 1 2 **3 4 5**歳児

カブトムシのオス、メスや夏のムシたちの絵を2枚ずつ描き、絵合わせゲームをしてみましょう。

なつのむしたち
カブトムシ　クワガタムシ
セミ　バッタ

植物編
生き物編
育ててみたよ！
身近な自然編

生き物編
⑩バッタ

バッタは川原、草むらや畑などいろいろな場所で見かけます。身近な虫として手に取ってじっくり観察してみましょう。

| はじまりは『共感』から! | 見つけよう！　子どもの声を聞いてみよう！　お話ししよう！ |

（年齢にとらわれないで、感じてください）

バッタはジャンプがじょうず

- バッタはジャンプがじょうずだね
- 高く跳ぶのが好きなのかな？
- ぼくもとべるよ！

さっそくバッタになってジャンプします。

- わたしも…ほらっ！

と、次々とジャンプ

- わぁ、楽しそう！　バッタさん、本当にジャンプがじょうずね

バッタが跳んできた

- バッタがとんできた！
- みんなが楽しそうだから、見にきたのかもしれないね
- そとはあついから、わたしたちといっしょにみずあそびをしたいのかな？

おんぶバッタ

- あっ！バッタ、おんぶしてる
- おんぶバッタだよ
- おかあさんとこどもかな？
- おにいちゃんかもしれないよ
- お母さんとお父さんかな
- あるいたりとんだりしても、おちないのかな。おんぶがじょうずだね
- おもたくないんだね。びっくり！

バッタの名前は？

- バッタになまえはあるの？
- いろいろな種類があるから名前もあるよ
- どんななまえ？
- オンブバッタ　トノサマバッタ　ショウリョウバッタ
- えっ？　ショウユバッタ？

バッタとカマキリ

- バッタってカマキリのなかまなの？
- ともだちなのかな？
- いろがいっしょだし、とぶし、
- くさのなかにいるから…、おおきくなったら、バッタがカマキリになったりして

いっぱい遊ぼう！

捕まえてみよう！　0 1 2 3 4 5 歳児
草の中にかくれんぼしているバッタを捕まえてみよう。ジャンプが得意なバッタをうまく捕まえられるかな？

調べてみよう！　0 1 2 3 4 5 歳児
バッタについて、食べ物や寝る場所など気になることがあれば、調べてみましょう。おもしろい名前のバッタもいますよ。

ジオラマ（虫の世界）を作ろう！　0 1 2 3 4 5 歳児
色画用紙やセロハン紙、紙粘土、モール、水引、小石、小枝、木の実など、身近な素材を使ってバッタやカマキリなどを作りましょう。発泡トレーや浅い箱（バスタオルの箱　など）に、色画用紙や色紙、フラワーペーパーをちぎったり丸めたりして草原を作ります。ジオラマの中で遊んでいく中で、別の世界が広がっていきます。

触ってみよう！　0 1 2 3 4 5 歳児
実際に手に取ってみましょう。いろいろな種類のバッタもいるので、比べてみましょう。

育ててみよう！　0 1 2 3 4 5 歳児
バッタを見つけたら、飼育ケースに入れて育ててみましょう。草が枯れたりなくなったりしないように、気をつけましょう。オスとメスを入れておくと、秋には卵を生み、初夏には幼虫が生まれます。
観察することで、新たな発見があるかもしれませんね。

ピョンピョン、作ってみよう！　0 1 2 3 4 5 歳児
紙コップの口に切り込みを入れて、ゴムを掛け、重ねるとでき上がり。

バッタになって、ジャンプ！　0 1 2 3 4 5 歳児
バッタのようにジャンプして、どこまで進めるか競争です。3回跳び、5回跳びなど、回数を決めても楽しいです。

植物編

生き物編

育ててみたよ！

身近な自然編

生き物編
⑪カマキリ

カマを振り上げ、少し怖いイメージのあるカマキリです。バッタのように少しでも親しみが持てるよう、じっくり観察してみましょう。

はじまりは『共感』から！ 見つけよう！ 子どもの声を聞いてみよう！ お話ししよう！

（年齢にとらわれないで、感じてください）

カマがすごい！
- カマキリのあしにすごいものがあるよ
- カマっていうの
- カマってなにをするの？
- 獲物を見つけて、捕まえたり弱らせたりするのよ
- すごいねー

足をなめている
- カマキリがあしをなめているよ
- エサを食べた後は、きれいになめて掃除するのね
- きれいずきなんだ
- そうね

目がギョロギョロ
- カマキリのめっておおきい！
- 本当ね、こっちを見ているみたい
- ギョロギョロしていて、よく見えるんだろうな
- カマキリの目は何色？
- みどり
- 昼間は緑色で夜になると黒色になるらしいよ
- えー、どうして？
- 食べ物を捕まえるため、暗くてもよく見えるようにってことみたい
- そうなんだ！

卵から……
- たまごからあかちゃんがいっぱいでてきたよ
- いち、に、さん、し……。おおすぎてむりだー！
- ほんとカマキリのあかちゃんはいーっぱいね。何匹いるのかな？
- うーん、ひゃっぴき！いっぱい、いっぱい！
- ちいさいカマキリだらけー！

色が変わる
- カマキリって体の色が変えられるの知ってた？周りの色によって茶色や緑色になるみたい
- へんしんできるの？ぼくもへんしんしたい！

⑪ カマキリ

いっぱい遊ぼう！

見つけてみよう！ 0 1 2 3 4 5 歳児
草や木の枝の上にいることが多いので、探してみましょう。

調べてみよう！ 0 1 2 3 4 5 歳児
虫を捕まえて食べるカマキリの好みの虫や、カマキリの卵など、不思議に思うことを調べてみましょう。

じっくり見てみよう！ 0 1 2 3 4 5 歳児
カマキリの特徴は、なんといっても大きなカマ。よく見ると、目も特徴的です。ほかにはどんなすごいところがあるかな？

捕まえられるかな？ 0 1 2 3 4 5 歳児
背中のほうからゆっくりとつかんで、捕まえてみましょう。

育ててみよう！ 0 1 2 3 4 5 歳児
カマキリを見つけたら、飼育ケースに入れて育ててみましょう。カマキリはけんかをして食べ合うため、1匹だけにします。エサはできるだけ生きた虫をあげましょう。

カマキリごっこ 0 1 2 3 4 5 歳児
カマキリのカマの強さをイメージしてまねしてみましょう。どんな強いカマキリになれるかな？

卵を見つけてみよう！ 0 1 2 3 4 5 歳児
カマキリは木の枝や丈夫な草などに、卵を生み付けます。見つけたら枝ごと取り、飼育ケースに入れましょう。春には幼虫がたくさん出てきます。

P.69 育ててみたよ！ カマキリも参照

植物編 / 生き物編 / 育ててみたよ！ / 身近な自然編

53

生き物編
⑫ セミ

梅雨があけると、あちらこちらの木から、セミの鳴き声が聞こえてきます。セミの姿や鳴き声など、いろいろなことに興味を持ってみましょう。

> はじまりは『共感』から！

見つけよう！　子どもの声を聞いてみよう！　お話ししよう！

（年齢にとらわれないで、感じてください）

鳴くのはどっち？

- セミがなくのはオスとメスとどっちでしょう？
- メス？
- ざんねん。オスでした
- メスはなかないらしいよ
- よく知っているね
- ずかんでみたからしっているよ
- みんなにも教えてあげてね
- わかった

逃げるときに……

- セミをつかまえようとしたら、しっぱいしたの。そのとき、みずがとんできたよ
- おしっこかけられたー！
- 敵にねらわれたと思ったのかな。逃げるためには体重を軽くしてスピードを速くするためという話もあるけどね

数えてみよう！

- 今日も暑いね
- セミのこえでなにもきこえない！
- 1本の木に、何匹止まっているか数えてみようか
- えだのうらにも、たかいところにもいっぱい
- 本当にたくさんいるね

抜け殻がいっぱい！

- セミのぬけがらをみつけた！
- たくさん拾ったね。セミは幼虫の間、土の中でずっと寝ているんだって。そろそろ起きて遊ぶときになって、土から出て木にくっつくみたいよ

セミがいっぱい落ちている

- セミがいっぱいおちてうごいていないよ
- セミは短い間しか生きられないの
- どのくらい？
- だいたい1週間くらいかな
- えーっ、たったのいっしゅうかん？らいしゅう、えんにきたら、いまいるセミはいなくなってるの？セミさん、かわいそう…
- そうね

12 セミ

いっぱい遊ぼう！

セミの鳴き声たどって、探してみよう！ 0 1 2 3 4 5 歳児

セミの鳴き声をたどって探してみましょう。すぐに見つけることができますよ。1本の木に、何匹止まっているか、見つけて数えてみましょう。

調べてみよう！ 0 1 2 3 4 5 歳児

セミについて、気になることがあれば、調べてみましょう。セミの種類などたくさんあります。名前もおもしろいですよ。

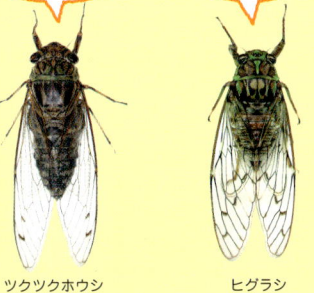

- ミーン ミンミン ミー → ミンミンゼミ 
- ジー ジリジリジリ → アブラゼミ 
- チィー → ニイニイゼミ 
- シャアシャア シャア → クマゼミ
- ツクツクオーシ ツクツクオーシ → ツクツクホウシ 
- カナカナ カナ… → ヒグラシ

※それぞれのセミの大きさの比率は、このとおりではありません。

触ってみよう！ 0 1 2 3 4 5 歳児

実際に捕まえて手に取ってみましょう。羽をばたつかせるセミに驚いてしまうかもしれませんね。羽や体についてじっくり観察してみましょう。

セミの抜け殻集め 0 1 2 3 4 5 歳児

セミの抜け殻を見つけたら、日にちや場所、抜け殻の状態も記録してみましょう。

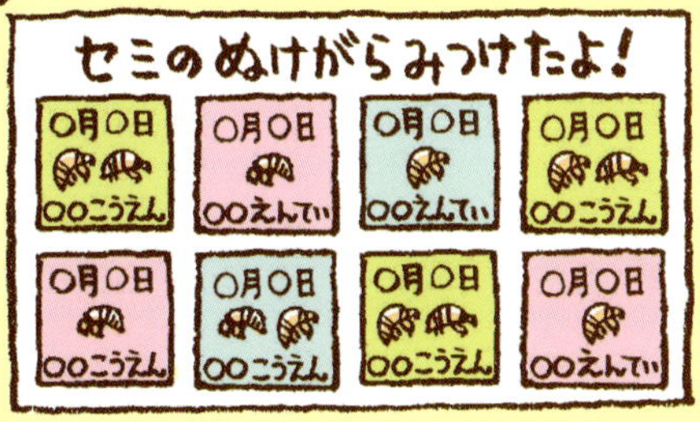

セミのぬけがらみつけたよ！

鳴き方をまねしてみよう！ 0 1 2 3 4 5 歳児

セミの鳴き方をまねしてみましょう。種類によって、鳴き方が違います。みんなで名前や鳴き方を覚えたら、クイズにしてもいいですね。

植物編 / 生き物編 / 育ててみたよ！ / 身近な自然編

生き物編
⑬ トンボ

季節を感じさせてくれるトンボは、種類もたくさんいます。飛んでいる時季や種類など、関心を持って見てみましょう。

はじまりは『共感』から!　見つけよう!　子どもの声を聞いてみよう!　お話ししよう!

（年齢にとらわれないで、感じてください）

これ　何？
- ヤゴを見つけたよ
- ヤゴってなに？
- トンボの子どもよ
- えっ？　みずのなかにいるの？
- そうなの。トンボになるときは、水から出てくるから、楽しみに待っていようね

何を食べるのかな？
- トンボのすきなものってなに？
- くさやはっぱかな？
- 肉食だから虫を食べるよ
- どんなむし？
- ハエやカを食べるのよ
- オニヤンマのほかにもトンボはいるの？
- いるよ。イトトンボ、シオカラトンボ、アカトンボ。ほかには……
- ずかんでしらべてみよう！

目が回る？
- トンボのめのまえでゆびをクルクルまわしたら、めがまわってつかまえられるかな？
- やってみようよ
- クルクル…、あー、にげられた！
- ざんねん、逃げられちゃったね
- よーし、もういっかいやってみよう

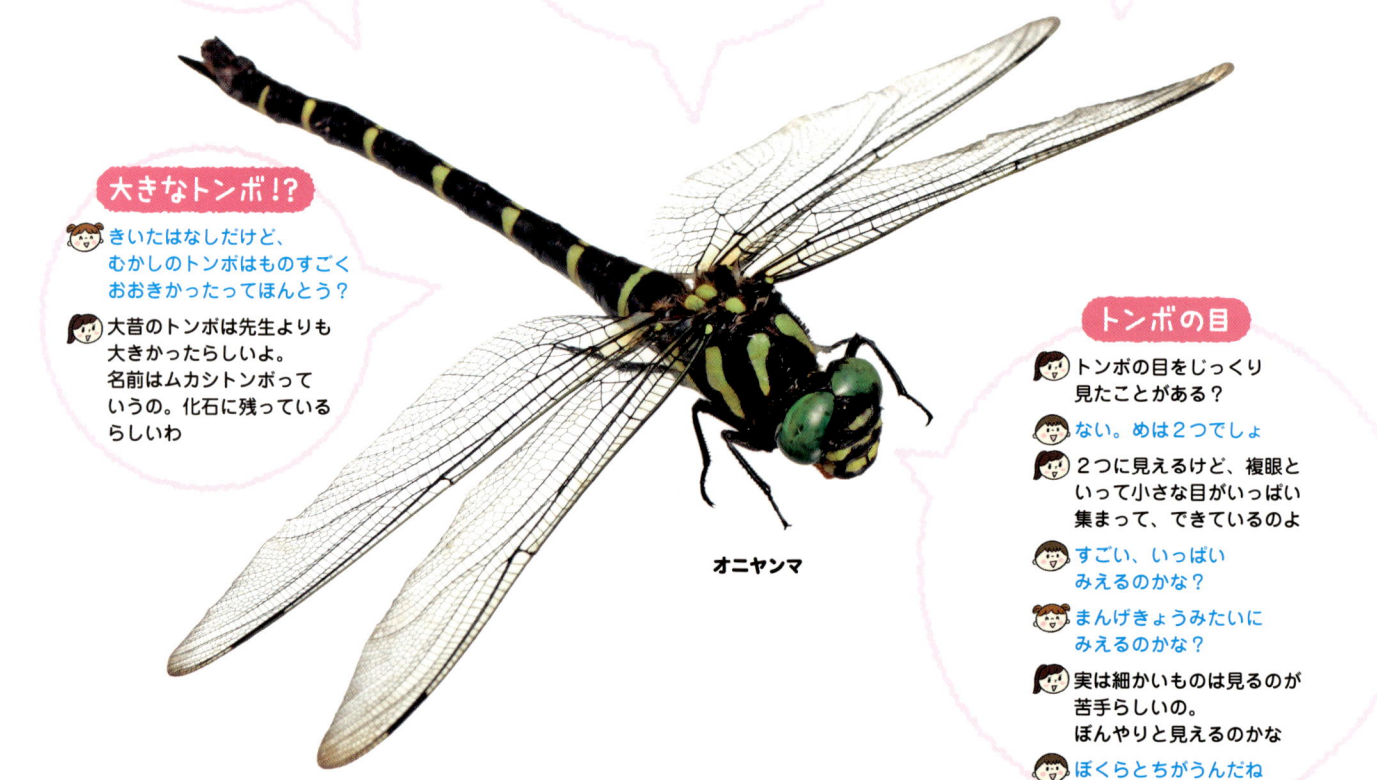

大きなトンボ！？
- きいたはなしだけど、むかしのトンボはものすごくおおきかったってほんと？
- 大昔のトンボは先生よりも大きかったらしいよ。名前はムカシトンボっていうの。化石に残っているらしいわ

オニヤンマ

トンボの目
- トンボの目をじっくり見たことがある？
- ない。めは２つでしょ
- ２つに見えるけど、複眼といって小さな目がいっぱい集まって、できているのよ
- すごい、いっぱいみえるのかな？
- まんげきょうみたいにみえるのかな？
- 実は細かいものは見るのが苦手らしいの。ぼんやりと見えるのかな
- ぼくらとちがうんだね

13 トンボ

いっぱい遊ぼう！

見つけてみよう！
0 1 2 3 4 5 歳児

園に飛んでくるトンボ、公園や遠足に出かけたときに見かけるトンボなど、何匹見つけることができるか数えてみましょう。種類や特徴について話してみましょう。

調べてみよう！
0 1 2 3 4 5 歳児

トンボについて、気になることを絵本や図鑑などで調べてみましょう。いろいろな色のトンボもいますよ。

ミヤマアカネ
チョウトンボ 
オオイトトンボ 

トンボに変身！
0 1 2 3 4 5 歳児

広い場所でトンボになって、遊んでみましょう。
ひとりひとりの表現を認め、保育者もいっしょに楽しみましょう。

触ってみよう！
0 1 2 3 4 5 歳児

実際に羽をやさしく持ってみましょう。顔の作り、羽、足の動きなどじっくりと観察してみましょう。

育ててみよう！
0 1 2 3 4 5 歳児

ヤゴを見つけたら捕まえて、飼育ケースに入れて観察しましょう。生きているエサを用意するのは難しいので、観察した後は元の場所に戻しましょう。トンボの誕生に期待して、子どもと話しましょう。

作ってみよう！
0 1 2 3 4 5 歳児

いろいろな素材や色画用紙を使って、トンボを作り、秋の壁面やのれんを作ってみましょう。風に揺れるように飾るとすてきです。羽は、和紙やオーロラ紙などの薄くて軽い素材にするとより風に揺れていいですね。

* 植物編
* 生き物編
* 育ててみたよ！
* 身近な自然編

生き物編
⑭ コオロギ

秋の虫のイメージがあるコオロギです。鳴く虫はいろいろいますが、コオロギの鳴き声を耳を澄まして聞いてみましょう。

はじまりは『共感』から! 見つけよう! 子どもの声を聞いてみよう! お話ししよう!
（年齢にとらわれないで、感じてください）

虫の声
- むしのこえがきこえるよ
- この虫はコオロギかな？
- むしがしゃべるの？
- コオロギは声を出しているのではなく、前羽をこすり合わせて音を出しているのよ
- オスもメスもなくのかな？
- オスだけ。そのときそのときによって、鳴き方も違うみたいよ
- コオロギってけっこうすごいムシなんだね

何を食べているの？
- コオロギはなにをたべるのかな？
- くさかな、ムシかな？
- 正解は両方です。雑草の葉っぱ、野菜や昆虫の死骸を食べるのよ
- すききらいがないんだね

ほかにも鳴く虫は？
- コオロギのほかに鳴く虫はなんでしょう？
- おへやにいるスズムシ
- トンボは？
- トンボは鳴かないね。ほかにはマツムシもいるよ
- うたにでてくるよ
- そのとおり。みんなで歌ってみましょう

逆だった？
図鑑を見ながら…
- 昔はね、コオロギがキリギリスで、キリギリスがコオロギと呼ばれていたんだって
- えっ？ むずかしい
- マツムシとスズムシも逆に呼ばれていたらしいよ
- へぇー、おもしろそう。さがしてみたい。もっといろんなことをしらべてみたい
- そうね、いっしょに調べてみよう

58

いっぱい遊ぼう！

見つけてみよう！
鳴き声に耳を傾けながら、草むらに隠れている虫を探してみましょう。

調べてみよう！
コオロギについて、興味のあることや気になることを絵本や図鑑などで調べてみましょう。
スズムシやほかの虫との違いなども見てみましょう。

コオロギに変身！
コオロギの動きをみんなで話し合い、表現してみましょう。ジャンプや隠れているところなど、いろいろな場面が見られると思います。

色画用紙や段ボールなどで作った草むら

触ってみよう！
実際に手に取ってみましょう。顔の作り、羽や足などじっくりと観察してみましょう。勢いよく跳びはねるので、手のひらに乗せるとすぐに跳び出します。

育ててみよう！
コオロギを見つけたら、飼育ケースに入れて世話をしてみましょう。雑食性なので、野菜や煮干しなどを食べます。土が乾かないように、時々霧吹きで水分を与えましょう。

鳴き声をまねしてみよう
コオロギになったつもりで、鳴き声をまねしてみましょう。だれが似ているかな？

歌おう！『こおろぎ』
（作詞：関根栄一　作曲：芥川也寸志）
コオロギの鳴き声の楽しい歌をうたってみましょう。
秋の虫が次々に出てくる『虫のこえ』（P.75）も楽しいですよ。

穏やかに

1. こおろぎ　ちろちろりん　こおろぎ　ころころりん
2. にいさん　ちろちろりん　おとうと　ころころりん
3. やさしい　ちろちろりん　おかわい　ころころりん

ちろちろりん　ころころりん　くさのなかか
ちろちろりん　ころころりん　うたいまなすか
ちろちろりん　ころころりん　くさのなか

14 コオロギ

育ててみたよ！
~園の実践レポート~

チューリップ

チューリップは10月ごろに球根を植えます。
　4歳児の春に、5歳児が育ててきたチューリップをいっしょに眺めていたので、5歳児から託された球根を植えるのをとても楽しみにしていました。「どんないろがさくかな？」「いつかな？」と、期待を持って水をやったり、芽の生長に気づいたり、葉っぱの間の小さなつぼみを発見したりしながら、開花を心待ちにしています。そして春になり、ようやく花が咲くと、大喜びで見たり、保育者や友達、保護者にも知らせたりして楽しみました。

はじまりは『共感』から！

土が気持ちいい！
- つちがひんやりしているよ
- きもちいい！
- ふわふわだね

赤いお花が咲きますように
やさしくやさしく土をかぶせながら…
- おおきくなりますように
- あかいおはながさきますように

それぞれにお願いをしていました。

早く芽が出ないかな？
- いまはどんなかな？
- もう、ねっこがでたかな？
- あかちゃんのめ、はやくでておいで

葉っぱのつぼみ
- つぼみがでたよ！
- つぼみ？
- うん！はっぱのつぼみ！
- なるほどね！

10月 ▶▶▶ 球根を植える

2月 ▶▶▶ 芽が出てくる

3月 ▶▶▶ 葉が大きくなる

根がどんどん伸びている

球根の植え方
たっぷりとたくわえられた養分が芽や葉をどんどん育てるので、大きくて重い球根を選んで植えましょう。

〈花だんなどの場合〉
芽が出る方を上にして植える。深さは球根の大きさの3倍くらい。球根と球根の間は2個分ほどあける。

深すぎると、芽が出ないので気をつける。

〈はち植えの場合〉
芽が、かすかに見えるくらいに、浅く植え、たっぷり水をやる。

60

チューリップ

おはなのつぼみ
- わぁ！ おはなの つぼみがうまれた！
- ほんとうや、すごーい！
- 本当だね！うれしいね！

みつはどこかな？
上からのぞき込みながら…
- みつはどこかな？
- みつ、すいたいなぁ
- あれがみつかな？
- そうかも！

真上から見たチューリップ
1本のめしべを、6本のおしべが囲んでいる。

何色になるかな？
- いまはみどりだけど、なにいろになるかな？
- ピンクがいいな

みてみて！
- わぁー、さいた！
- あかいろだ！
- わたしはきいろ！
- おかあさんにおしえてあげよう！

つぼみが色づく

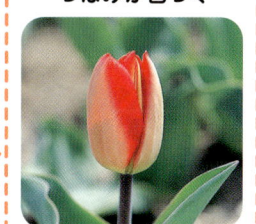

花が開いた

4月 ▶▶
茎がどんどん伸びてつぼみが色づく

1週間後 ▶▶▶
花が開く

花びらが落ちる

球根の取り方
花びらが落ち、葉が枯れた後に球根を掘り上げます。

〈球根の掘り上げ方〉  
❶ 球根を傷つけないよう周りを大きく掘り起こす。
❷ 葉や茎を取り除き、日陰で乾燥させる。
❸ 乾燥させたら土を払う。

〈球根のしまい方〉
網などに入れ、風通しのよい涼しい所につるしておく。名前も忘れずに。

来年も咲いてね
球根を取り終えると、新4歳児クラスに託します。新4歳児クラスも、見たばかりのチューリップの球根に、10月の植えどきが楽しみになりますね。

植物編 / 生き物編 / 育ててみたよ！ / 身近な自然編

育ててみたよ！
～園の実践レポート～

アサガオ

生長が早く育てやすいアサガオを4歳児クラスで育てました。
　種をまくと、約1週間で発芽し、小さな双葉が開きます。本葉が数枚出ると、つるが伸び始めます。つるはどんどん伸びて、小さなつぼみができ、ある日、パッ！　と見事な花が咲き、やがて種ができます。
　生長が早い植物なので、園で栽培すると子どもたちは興味を持って観察し、その変化にたくさんの気づきをして驚いたり、喜んだりしていました。

はじまりは『共感』から！

うわあ！ちっちゃい種！
- うわぁ！　ちっちゃい！
- みんなおおきさがちがうよ
- いろもちがう、ちゃいろいのやくろいのもある！
- いしみたいや！
- ほんとうにはながさくのかな？
- どんな花が咲くか楽しみだね

ゆびでちょんちょん
土に指で穴をあけながら…
- ちょんちょん　ちっちゃいたねやから、
- いっぱいさくかな？
- さきますように。おねがいしよう！

あっ！芽が出た！
- あっ！　めがでた！
- うわぁ！　かわいい！
- あんなちっちゃいたねから、ほんとにめがでた！

双葉がかわいい！
- かわいい！
- ハートがたや！
- もようがあるよ
- ふたごのきょうだいみたい！

5月のはじめごろ ▶▶▶ 種をまく
5～7日後 ▶▶▶ 芽が出る
8～10日後 双葉が出る

上から見た双葉

種の植え方
① 種は早く芽が出るように、ひと晩水につけておく。翌朝、種が大きく膨らんでいて、びっくりです。
② 指で2cmくらいの深さに穴をあけ、2～3粒植える。

アサガオ

あかちゃん つぼみ発見！
- みて！あかちゃんのつぼみ！
- かわいい！ちっちゃいね
- きれいにさくかな？
- ほかにもあるかな？
- さがしてみよう！

小さなつぼみができる

だんだん大きくなって

葉っぱが増えた！
- はっぱがふえた！
- もっとふえるかな？
- たくさんみずをあげよ
- まいにちおみずをあげよ！

咲いた！
- わぁ！さいた！やったぁ
- ぼくのもさいたよ
- ここにもつぼみがある！
- これもさきそうや ここにもあった！やったぁ、いっぱい！

さいた！
やったあ！

▶▶▶　　　▶▶▶　　　▶▶▶
本葉が出る　　つるが伸びる　　咲く

種の取り方
❶ 緑色の小さな実ができた後、茶色になったら、取ります。 
❷ 種は袋に入れて保存しておきましょう。

来年も咲いてね
種を取り込んだら保存しておき、次の4歳児に託します。4歳児がアサガオを育てていたのを見ていた3歳児も、来年、植えるのを楽しみにするでしょう。

植物編 / 生き物編 / 育ててみたよ！ / 身近な自然編

育ててみたよ！
~園の実践レポート~

いろいろ夏野菜

比較的栽培しやすいのが夏野菜です。
　5歳児クラスでは、トマト、キュウリ、ナス、トウモロコシ、オクラ、ピーマンを育てました。子どもたちひとりひとりが育てたいものを選び、苗を植え、水をあげ、観察画を描きながら、収穫する日を今か今かと待ち遠しく眺めています。茎が伸び、葉が増え、花が咲くと笑顔が生まれ、実がなると歓声が上がりました。
　同時にいろいろなものを育てたことにより、ほかの野菜との育ち方の違いにも気づいたようです。育ちが遅い野菜には「はやく育つといいね」と友達といっしょに心待ちにする場面もありました。
　最後はみんなでクッキングをして食べ、喜びを共感しました。

はじまりは『共感』から！

○○を育てたい！
- どれを育てたい？
- トマト！　だいすきやから！
- トウモロコシ！　たべたい！
- おいしく育つといいね。
- たのしみ！
- あまいのができますように！

名札を付けよう！
- ちいさいこがぬくといけないから、なふだをつくろう
- そうやな！
- これはピーマン、えもかいておこう
- こっちは、ナス
- これでだいじょうぶ。すぐにわかるし
- いいかんがえや

キュウリ　お水大好き！お星様の花

水をあげながら…
- キュウリはすいぶんがいっぱい！みずがすきなんや！いっぱいあげよう！
- そうやな。はやくおおきくなりますように！

花が咲くと…
- おほしさまのはながさいた！
- かわいい！

いちばん早くに収穫できました。

トマト　お水は少なめに

花が咲き、実がなるが、なかなか色づかず…
- トマトはみずをあげすぎるとダメなんやで
- あまくならないんだって。おじいちゃんがいってた！
- そうか。しおれてるのにいいの？
- いいんやって

引っ込み思案の子どもがおじいちゃんに教えてもらったことを友達に伝える経験で、少し自信を持ったようでした。
キュウリとの違いに、みんなも気づきました。
数日後、やっと実が赤くなりみんなで大喜び！

ピーマン　苦くならないでね

ピーマンの花が咲き、実がなり始めると…
- にがいピーマンいややな
- あまいのができたらいいのに
- ほんとやね
- あまくなりますように…

次第に大きくなると、ピーマンのつやつやに食べるのが待ち遠しそうでした。

いろいろ夏野菜

オクラ　まだかな…大きくなりすぎ！

苗がなかなか大きくならず…
- おおきくならないよ…
- なんでかな？
- みずあげてるのに
- おおきくなるといいね

みんなで心配していました。次第に伸び、実がなると、今度は早く穫らないと急に大きくなりすぎて、大騒ぎでした。

ナス　みんなで、やったぁ！

ナスは最後の収穫になりました。なかなか実がならないので、
- はやくできたらいいね
- うん。はやくなれ

友達から励ましの声が上がりました。数日後…。
- やったぁ、よかったね！
- うん、よかった！

子ども同士で共感していました。

トウモロコシ　葉っぱばっかり！

葉っぱがどんどん増えるのですが…
- またはっぱがふえた…。はっぱばっかり
- みがなりますように
- はやくなりますように…

毎日お願いして、やっと実りました！収穫は2本でしたが、自分の手より大きいトウモロコシに大満足！

みんなでクッキング！

収穫できたものから、クラスでもクッキングし、みんなで食べました。ふだんは苦手でなかなか食べない子どもも、いっしょに育てたので、おいしそうに食べていました。

キュウリ	輪切りにしてサラダに
トマト	切ってピザに
オクラ	輪切りにしてみそ汁に　星形が七夕にぴったり
ピーマン	ホットプレートでバーベキュー
トウモロコシ	ホットプレートでバーベキュー
ナス	塩もみしてコンブ和え

持って帰ろう！

自分が育て、収穫した夏野菜は、家庭に持って帰って、家族でも食べました。
トマトとオクラはたくさん実ったので家族の人数分、ピーマン・ナス・キュウリは2〜3本ずつ、トウモロコシは2本しか実がならなかったので1本だけ持って帰りました。持って帰って家族で食べたときのようすが子どもたちの喜びとなって広がっていきました。

おかあさんにみせるの！

来年も育てよう！

少し多めに作れたものは、ほかの年齢の子どもたちにもおすそ分け。3歳児、4歳児の子どもたちは、5歳児になったら育てるんだ！という期待が膨らんだようです。来年も続く、うれしいつながりです。

植物編
生き物編
育ててみたよ！
身近な自然編

育ててみたよ！
～園の実践レポート～

ほかにも身近な自然にかかわる子どもたちの声に耳を傾け、実践してみました。興味深く、楽しんで過ごす子どもたちの姿は生き生きしています。

マツボックリ

絵本で、水にぬれると傘が閉じるということを知った子どもたちは、雨の日にさっそくマツボックリをぬらしていました。堅く閉じたマツボックリに驚き、その後、瓶に入れると、するっと入って大喜び。保育室に飾って、本当に開くかな？　と毎日観察しています。

はじまりは『共感』から！

いつ開くかな？
- ぬれたら、とじた。すごかった！
- いつひらくかな？
- きょうもひらいてないね
- ふーってかわかしたらひらくんとちがう？
- ひなたにおいたらひらくかな？

「あめのひに つぼんだ まつぼっくり どうなるかなぁ？」

→ 次から次に、名案が浮かび、試していました。

野菜の水栽培

給食で出たミズナ・コマツナ・ホウレンソウ・チンゲンサイの芯の部分を、水を入れた透明空き容器に入れ、水栽培をしました。しんなりしていた葉は元気になりました。ほんの少しずつしか伸びない葉ですが、子どもたちは伸びたかな？　どうかな？　と毎日観察しています。
ほかにも、ダイコンやニンジンなどのヘタを水栽培して、伸びた葉をスープに入れたりサラダにしたりして食べました。ふだんは根部分しか食べないので驚きもあったようです。

はじまりは『共感』から！

どれがどれ？
- これさっきたべたやさいやで
- そうなん？　どれがなに？
- こいみどりもある。このはっぱはほそいね
- これは、み・ず・な
- へえ〜
- これしってる！ホウレンソウ！

「みずな・こまつな・ほうれんそう・ちんげんさい どれかわかるかな？」

← 子どもたち同士で教え合っていました。つい先ほど食べたものを見ることで、子どもたちの関心は高まります。

ナノハナ

給食のポテトサラダにナノハナが入っていたので、さっそく子どもたちに見せました。刻まれていたものが、実はこのような葉で、花が咲くものということに興味津々です。ぐんぐん伸びる茎や花を、毎日楽しみにしていました。

はじまりは『共感』から！

これがナノハナ？
- ナノハナ、こんなチリチリのはっぱなんや
- たべてるとき、ちいさなつぼみがあったよ
- あったあった、これじゃない？
- これや！　いっぱいついてる

数日後…
- さきっちょ、すごいのびてる！
- ナノハナすごいね
- また、たべたいな

「なのはな なのはないりポテトサラダに はいっていたよ。みずにつけていると…」

→ 調理師に「またポテトサラダつくってね」とお願いしていました。

ヒヤシンス

保育室内でもきれいに育つヒヤシンス。飾っておくと、子どもたちは水やりを楽しみにしています。時々においをかいでいます。育てることで、観察したり、触ったり、においをかいだり、さまざまなかかわりをしています。ひとつのことがきっかけで、子どもたちの興味は無限に広がります。

はじまりは『共感』から！

いいにおい！
- いいにおいがする
- どんなの？　ほんとやいいにおい！
- どれどれ？　ほんとや！
- ほかのはなも、いいにおいがするかな？
- さがしにいってみよう

→ 園庭でにおい探しが始まりました。

育ててみたよ！
～園の実践レポート～

チョウチョウ

園舎裏にあるキンカンの木に毎年卵を生むアゲハチョウ。昨年の春に、緑色の幼虫を見つけて育てたことを覚えていた子どもたちが、5歳児になり、「アゲハのようちゅう、いるかな？」「きりんぐみ（4歳児）のとき、みつけたね」と言いながら探し始めました。
保育者は、前もって観察して、アゲハの卵や幼虫を見つけていたので、子どもが発見するのを楽しみにしていました。

はじまりは『共感』から！

それ、ほんとう？

小さな黒っぽい幼虫を見つけて…
- あっ、くろいようちゅうがいる
- えっ？　どこ？
- ほんとや、きもちわる！
…と、大騒ぎ。物知りTちゃんが、
- これがおおきくなったらみどりになるから、アゲハのようちゅうや！
- えっ？　ほんとに？
- Tちゃん、それほんと？

半信半疑の子どもたち。T児は、得意そうに幼虫がいる枝を取って、部屋に持ち帰り、図鑑を参考にしながら飼育を始めました。
幼虫の生長、変化、さなぎ、チョウチョウになって飛び立つまでを観察できて、感動しますよ。

飼育のポイント

- 大きめの飼育ケース
- 綿でふたをするか、オアシスを使用すると、幼虫がおぼれない
- ふんをたくさんするので、底に新聞紙を敷いておくと世話がしやすい
- 小びん

● チョウチョウの幼虫は、決まった植物の葉しか食べないので、必ず見つけた植物の葉をエサとして準備する。
● 幼虫が大きくなるとエサをたくさん食べるので、葉がしおれたり、少なくなったら新鮮な葉を入れる。
● 葉を食べずに、動き回るようになると、羽化のじゃまにならないように、周りの葉を取り除く。

テントウムシ

アブラムシがたくさんいる草や木のところを注意深く探すと、テントウムシの卵や幼虫を見つけることができます。卵を見つけると、子どもたちは飼ってみよう！　という気持ちになります。子どもたちの気持ちに寄り添って、飼育を始めます。きっと、かわいいテントウムシが誕生しますよ。

はじまりは『共感』から！

卵、見つけた！

- このプツッとしたの、なに？
- たまごや！
- なんのたまご？
- テントウムシやで！　ずかんでみたことある！
- ちっちゃいね
- テントウムシになるのみてみたい！
- かってみよう！
- そうしよう！

飼育のポイント

- のりの入れ物など、広口のびん
- 逃げ出さないように、ガーゼなどでふたをする
- 水を入れた小びんを中に入れる
- 幼虫がおぼれないように綿でふたをする

● アブラムシがたくさん付いている草や木の枝を、卵や幼虫といっしょに入れると、卵〜幼虫〜さなぎ〜成虫へと変化するようすを観察できます。
● 生まれたばかりは黄色で、徐々に色や模様がはっきりしてくるようすに驚きます。

育ててみたよ！
~園の実践レポート~

ダンゴムシ

クルッと丸くなるダンゴムシが子どもたちは大好きです。プランターや植木鉢を動かしたり、植木の根元を掘ったり、落ち葉をめくったりしてダンゴムシを探し出します。次々集めるのがおもしろくて、カップにたくさん入れたり、ポケットに入れて持って帰ってきて、保育室で大騒ぎになることもあります。そこで、子どもたちといっしょに絵本や図鑑を見ながら、ダンゴムシについて調べ、飼育に挑戦しました！

はじまりは『共感』から！

あげる！
- せんせい！　かわいいものあげる！
- なに？
- ほら！　ダンゴムシ

たくさんのダンゴムシを見せて得意顔
- わー！　こんなにいっぱい！
- そだててみよう！
- うん、そだてよう！
- なにたべるんかな？
- どんなおうちがいいんかな？　しらべてみよう！

飼育のポイント

- ダンゴムシを捕まえた場所の土を湿らせ、枯れ葉や木の枝、石などといっしょに容器に入れる。
- 湿ったところが好きなので、土が乾かないように、霧吹きでこまめに水分を与える。
- 直射日光が当たらない暗いところに置く。

カタツムリ

カタツムリを見つけて喜ぶ子どもたち。じっくり観察するために、飼ってみることにしました。育てる中で、子どもたちなりの発見がたくさんあったようです。

飼育しているとき…雨が好きなんや！

飼育ケースの中の葉っぱや土に霧吹きで水をかけていると、殻の中からカタツムリがゆっくりと頭を出し、ニョキッ！　と角を出して…やがて動き始めました。
- うわぁ！　やっぱり、カタツムリはあめがすきなんや！
- よろこんでいるよ!!
- ほんとうにうれしそうやね

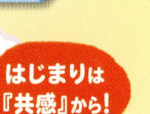

はじまりは『共感』から！

ウンチ、すごーい！

黒っぽいウンチの中に、緑色のウンチを見つけて…
- あっ！　みどりいろのウンチがある！　どうしたんやろ？
- キュウリをたべたからとちがう？カタツムリはたべたものとおなじいろのウンチをするんやで
- すごい！　◯ちゃん、よく知ってるね
- じゃあ、ニンジンをたべたら、オレンジいろのウンチをするの？
- うん！
- えー、ほんと？

翌日、ニンジンを入れると、オレンジ色のウンチをして、
- すごーい！　ほんとにオレンジいろのウンチや！

ダンゴムシ・カタツムリ・ザリガニ・カマキリ

ザリガニ

捕まえたザリガニを、よく観察できるようにタライのような広い入れ物に入れると、すぐに子どもたちがタライの周りを取り囲みました。
興味を持った子どもがさっそく、触ってみようと先を争って手を出しますが、ザリガニがハサミを振り上げるので、怖くてなかなか近づけることができません。それでもどうにか捕まえようと奮闘していました。

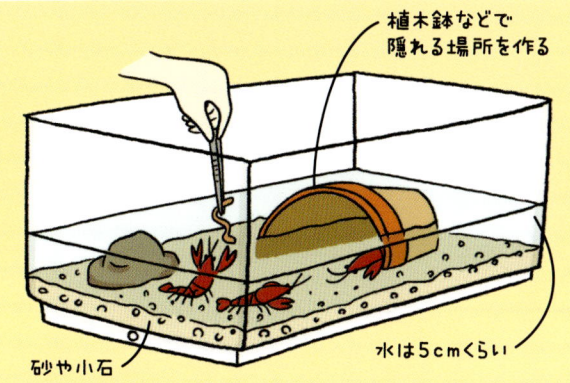

植木鉢などで隠れる場所を作る
砂や小石
水は5cmくらい

はじまりは『共感』から!

Aちゃんは、なんとか触ろうと、そっと慎重に手を伸ばしますが、ザリガニがさらにハサミを振り上げて…

🧒 キャー!

手を引っ込めました。
Bちゃんがそっと背後から、「胸」に触ると、今度はシュッシュッ! と勢いよく後ずさりをして逃げ、また

🧒 キャー!

なかなか手強いザリガニです。
それでもやはり捕まえたくて、何度も何度もチャレンジする子どもたちです。

やったぁ! つかまえた!

やっと捕まえると、緊張しながらゆっくりと持ち上げて、

🧒 やったぁ! つかまえた!

と、得意顔です。
周りの子どもたちも

🧒🧒 Aちゃん、すごーい!

歓声を上げました。
ザリガニをつかめるようになると、子どもたちは、図鑑を見ながら、オス・メスを確認していきます。
どんどん興味が広がっていきました。
その後、ザリガニを水槽に移して、飼い始めました。

カマキリ

カマキリの卵を発見した子どもたち。ほかの生き物の卵とは異なる形や大きさに興味津々です。図鑑で見たことのある子どもが…

ガーゼなど目の細かい布
乾燥しないように、水を入れた皿を置いておく
わぁ!

カマキリはふしぎな卵

カマキリの卵を見つけて

🧒 これなに?
🧒 カマキリのたまごやで
🧒 チョウチョウのたまごよりおおきい
🧒 このなかに、いっぱいおるんやで、カマキリが…
🧒 いっぱい? どんだけおるん?
🧒 いーっぱいおるねん
🧒 ふしぎやな。みてみたい!

子どもたちは、カマキリの卵を飼うことにしました。

はじまりは『共感』から!

うまれた! カマキリ!

毎日観察していたある朝、登園して…

🧒 うわぁ、いっぱいいる! あかちゃんがいっぱいや!
🧒 すごい! なにこれ! いっぱいすぎる!
🧒 ひゃっぴきいてるのとちがう?
🧒 せんびきやって!
🧒 すごい! ちっちゃくてもカマキリや!
🧒 すごいな! みんなにもしらせよう!
🧒 うん!

驚きと喜びを抑えきれず、友達に知らせて喜びを共有していました。

植物編 / 生き物編 / 育ててみたよ! / 身近な自然編

69

身近な自然編
❶ 風を感じたよ

風は、子どもたちにとって身近な自然です。
天気、季節によってもさまざまに変わる風を、
子どもたちは全身で感じて
遊びに変えていきます。

はじまりは『共感』から！

とばされる！

- わぁ！ サクラがとんでる！

両手を広げて風を受けながら、

- かぜがすごい とばされる～
- ○○ちゃんのかみ、とばされてる！
- せんせいのかみもとばされてる！おどってるみたい！
- 本当ね

子どもたちは、全身で風を感じていました。

泳ぐよ！

リボンや紙テープ、割りばしを用意しておくと、
割りばしの先にリボンを付けて、園庭に出かけて行きました。

- うわ！ およいだおよいだ！ こいのぼりみたい！
- うわ！ ほんと！

遊んでいくうちに、走ると動くのではなく、風がなびくことで
リボンが動くことに気づき、立ち止まってリボンの動きを
確かめて、友達と見せ合っていました。

- かぜがあるからリボンがうごくんや！

すべり台の高いところに上がり、

- ほーら、みて！ ここのほうがよくおよぐよ！

より風があるところを見つけて遊んでいました。

身近な自然編
❷ 水、おもしろい！

手を洗うとき、草花に水をやるとき、雨や水たまり、
散歩途中の川、そしてプール遊び。
子どもたちは日常的に水を見たり、
触れたり、聞いたり、体で感じたり、
さまざまな体験を
しています。

はじまりは『共感』から！

わっ！ ひらべったい！

砂遊びの後、スコップを洗いながら…

- わぁ！ つめたい！ きもちいい！

スコップで水を受けながら…

- みて！ みずがひらべったい！
- あっちにいく！

しばらくの間、
流れる水の下にスコップを出したり
引っ込めたりして、水の形の変化を
楽しんでいました。

体が沈まない！

大好きなプールで、だるま浮きをしていたところ…

- うわぁ、フワフワや、ボールみたい！
- おさえても、すぐにあがってくる
- えっ？ どうして上がってくるの？ 不思議だね
- えっ？ どうしてやろ？
- そうや！ みずのなかやからや！だってぼくのからだも、しずまへん、うくもん！
- あっ、そうか、みずはちからもちなんや！

保育者も混ざって、共有・共感することで、子どもたちは
水の力に気づいたのです。

身近な自然編
❸ 土が気持ちいい

公園への散歩、種を植えるとき、砂遊び。土も身近な自然のひとつです。中でも子どもたちは夢中になる砂遊び。乾いた土や泥んこ、暑い日や寒い日、感触を楽しんでいろいろな発見をしています。

下のほうが冷たい！

砂遊びで山を作ったり、深く掘ったりしていると…

- なかのつち、つめたくていいきもち！
- ほんとや、したのほうがつめたい！
- なんでかな？
- つちがくろいほうがつめたいんかな？
- そうかも

感じたことを友達と共感していました。

はじまりは『共感』から！

いっぱい作ろう！

おわんに土をギュッギュッと入れて、ひっくり返すと、

- ケーキができた！
- ほんとや

今度は両手で握って、

- おだんごだよ
- うわぁ、おいしそう
- もっと、いっぱいつくろう！
- うん、おだんごやさんをしよう！

働きかけると形が変わる土に、子どもたちの創造力は広がります。

身近な自然編
❹ 光がきれい！

太陽の日の光は、子どもたちにとって不思議がいっぱいです。暖かかったり、まぶしかったり、急になくなったり…。プールの水に反射する光にも、心を動かしています。身近な光を、子どもたちは、日々感じています。

あったかい！

日なたでまぶしそうにしながら…

- おひさまがあたるところは、あったかい
- ひかげは、ひんやりしてるよ
- あっ！ おひさまがかくれて、くらくなったよ！

今度は、影に注目して…

- わぁ！ かげがおいかけてくる！
- ほんとだ！ おもしろい

はじまりは『共感』から！

雨粒、ビー玉みたい！

雨上がりの園庭で、草の上の雨粒を見て…

- あまつぶ、キラキラしてる！
- きれいね
- ビー玉みたい
- ほんとだ！ ビー玉みたい！
- あっちにもあるよ！ きれい！

宝物を見つけたようなうれしさを共感しました。

植物編

生き物編

育ててみたよ！

身近な自然編

身近な自然編
❺ 楽しい、雲の形

季節や時間によって、常に変化する空。雲の表情もさまざまです。たまには空を見上げて雲の形を見ながら、お話ししてみてもいいですね。子どもたちの気づきに耳を傾けてみましょう。

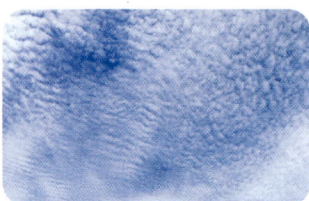

かいじゅうみたい！
- もこもこくもだ！
- かいじゅうみたい！
- ちがうよ、アシカだよ
- どっちにも見えるね
- おいかけっこしているみたい！
- たのしそう！

はじまりは『共感』から！

ブツブツ雲だ！
- わぁ！　ブツブツがいっぱい！
- ほんとや！　いっぱいある！
- どこまでつづいてるのかな？
- ずっとむこう！　ちきゅうのはんたいがわ！
- ぐるっとまわってもどってくる！
- へー、ずぅ～っと続いてるんだね

身近な自然編
❻ 空の色、いろいろ

晴れの日は元気、雨の日はどんより、明日はどっちかな？雨も楽しみ！　そんなふうに、天気にも関心を向けています。時には、雨上がりの虹を発見したり、夕焼けの空に感動したり、日常的に目にするものにも感じるものはいっぱいです。

わ！　虹だ！
- わ！　にじだ！　みんなー、みてみて！

いつもよりいちだんと大きな声に、みんなは空を見上げました。
- すごーい！　にじだ！
- きれい！
- まるいね！
- うん！
- きれいね

クラスのみんなで感動を共有しました。

はじまりは『共感』から！

みんな、まっかっか
夕暮れのお帰りのとき…
- わ！　ぼくのて、まっかっか
- 本当だね
- おかあさんも、まっかっかだ！
- みんな、まっかっかだね
- うん！　みんな、まっかっか！

「みんないっしょ」をうれしく思う気持ちがあふれていました。
『夕日』（P.75参照）を歌って、楽しみました。

コピーして使える！ **チューリップ＆アサガオ カード**

▶ 植物編❷ チューリップ（P.10〜11）

チューリップ みつけたよ

がつ　にち
なまえ

▶ 植物編❺ アサガオ（P.16〜17）

アサガオ さいたよ

がつ　にち
なまえ

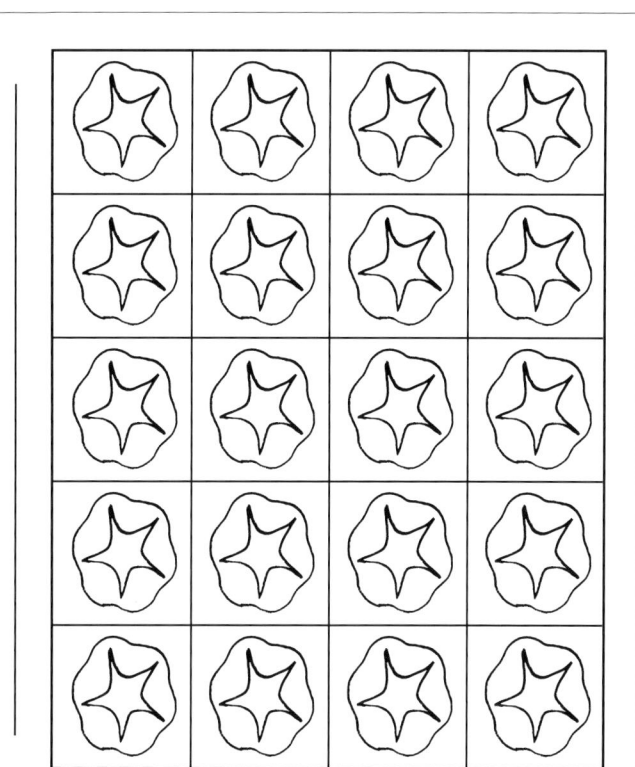

このメッセージが見えるまで開くときれいにコピーできます。

いっぱい遊ぼう！ 紹介曲

植物編 ⑥ ヒマワリ（P.18〜19）
ひまわり
作詞：加藤明徳　作曲：渡辺 茂

植物編 ⑫ モミジ・イチョウ（P.30〜31）
もみじ
絵本唱歌　作詞：吉村徹三　日本教育音楽協会　作曲：日本教育音楽協会

植物編 ⑦ トマト（P.20〜21）
トマト
作詞：荘司 武　作曲：大中 恩

生き物編 ② アリ（P.34〜35）
ありさんのおはなし
作詞：都築益世　作曲：渡辺 茂

生き物編❸ テントウムシ（P.36〜37）
てんとうむし
作詞：清水あき　作曲：小林つや江

リズミカルに

1.〜3. てんとうむしは　あかい ふく / くろい ふんぼ / かくれんぼ
くろいぼたんが テンテンテン / あかいぼたんが テンテンテン / テンテンみえたが かくれた

生き物編❺ アマガエル（P.40〜41）
だから雨ふり
作詞：新沢としひこ　作曲：中川ひろたか

雨ふりを楽しんで

1. きのう みどりの カエルが ねて
2. きのう となりの アジサイが
3. きのう きいろい ナガグツが

おおきな ハッパの うしろで ねてて
すっかり ようい をととのえて
ホコリ だらけの ゲタばこ で

おてんき つづきで かさ わないと
そーとの あたしの くうき をさすい
そーとの あめくきも さすい わいいと

そらに おいのり したんだ よ

だから きょうは あめふり
だから きょうは あめふり

©1989 by CRAYONHOUSE CULTURE INSTITUTE

楽しいヒント　♪4小節目、8小節目の最後の2拍を手拍子すると、さらに楽しくなります。

生き物編⓮ コオロギ（P.58〜59）
虫のこえ
文部省唱歌

やさしく繊細に

1. あれまつむしが ないている　チンチロ チンチロ チンチロリン
2. キリキリ キリキリ こおろぎや　ガチャガチャ ガチャガチャ くつわむし

あれすずむしも なきだした　リンリンリン リーンリン
あとから うまおい おいついて　チョンチョンチョンチョンス イッチョン

あきのよながを なきとおす　ああおもしろい むしのこえ

身近な自然編❻ 空の色、いろいろ（P.72）
夕日
作詞：葛原しげる　作曲：室崎琴月

1.2. ぎん ぎん ぎらぎら ゆうひが しずむ

ぎん ぎん ぎらぎら ひがしずむ

まっかっかっか そらのくもて
からすよ おひを おっかけて

みんなの おかおも まっかっかい
まっかに そまって まってこい

ぎん ぎん ぎらぎら ひがしずむ

苦手でも安心！ ここから始めよう！

土や虫を触るのが苦手という保育者も多いかと思いますが、子どもたちのためにも、自然に触れる遊びを実践したいですね。苦手でも、だんだん慣れてきます。ここから始めよう！ のヒントを紹介します。

🍀 植物 育てるのが難しくて不安… ➡「周りに協力をお願いしよう！」

植物を育てるとき、知識として知っておくのは大前提ですが、実践となると不安になることも。そんなときは周りに協力をお願いしてみましょう。

周りの保育者に協力を仰ごう！

自分だけでしようと思うと、つまずいてしまうもの。経験のある保育者に、「チャレンジしようと思いますので、協力していただけませんか？」と声をかけてみましょう。経験談を喜んで教えてくれるのではないでしょうか。

子どもに聞いてみよう！

知識として知っておくことは前提ですが、「まず、このくらいでいいかな？ 調べてみようか！」と、子どもたちといっしょに実践していきましょう。子どものなかでも、「物知り博士」が教えてくれるかもしれませんね。

保護者や近所の人にも聞いてみよう！

外から見えるところに置いておいて、保護者や近所の人にも聞いてみましょう。毎日通る人もようすを見ているものです。「もうちょっと水をあげないとね」など教えてくれる、いっしょに育てる関係づくりもいいですね。

🦋 生き物 触るのが苦手で… ➡「子どもの声を聞こう！」

生き物、特に虫を触るのが苦手な保育者も多いと思いますが、子どもの声を聞きながら、苦手な子どもたちといっしょに次第に慣れていくといいですね。

苦手な子どもといっしょに！

「どうやったら触れるかな？」「○○くんに聞いてみよう！」「ちょっとずつ触ってみよう！」など、子どもたちといっしょに過ごしていきましょう。

子どもに任せる！

虫が大好きで、得意な子どももいます。「○○くん、お願い！」と頼んでみましょう。頼られると子どももうれしいものですよ。

周りに協力を頼もう！

どうしても苦手な場合、ほかの保育者にも応援を頼んでみましょう。少しずつ、慣れていくように心がけましょう。

お散歩に行くときに、チェック！

散歩に出かける際には、楽しい時間になるように安全にも心がけましょう。

チェック

- ☐ 目的地の下見をして、安全確認をしましたか？
- ☐ 行く先、行く道順を確認しましたか？
- ☐ 地図を持っていますか？
- ☐ 救急セットを持っていますか？
- ☐ 緊急時の連絡先は持っていますか？
- ☐ 出かける服装は整っていますか？
 - ☐ （帽子、日焼け止め　など　雨天時は、傘、レインコート、長靴　など）
- ☐ 人数を確認しましたか？
- ☐ 子どもと約束事を確認しましたか？
- ☐
- ☐
- ☐
- ☐

………………… 帰ったら …………………

- ☐ 子どもの人数を確認しましょう
- ☐ けがなどないか、確認しましょう
- ☐ 手洗い・うがいをしましょう
- ☐
- ☐
- ☐

楽しい散歩にするために、必ず確認しましょう。

身近な自然への興味が広がる！　関心が高まる！

ひかりのくに　おすすめ図鑑＆絵本＆保育図書

子どもの手の届くところに、環境構成のひとつとして、図鑑・絵本を置いておきたいですね。ひかりのくに発行の本を紹介します。
※お買い求めは、全国の有名書店、あるいは貴園の営業担当者へ。

※2016年2月現在。在庫が無くなったり、絶版になることもあります。タイトル横の番号は、ISBN番号で頭に978-4-564- がつきます。

📖 図鑑

●ロングセラー 大人気シリーズ！

改訂版　むし　くらしとかいかた　20303-9
阪口浩平／監修
21×18.7cm／96ページ／定価：本体 800円（税別）
カブトムシ・クワガタムシ・トンボなどの250余種の虫を生態・飼育・図鑑で網羅しています。生き物の生活環境を鋭くとらえた生態写真と、その飼育法を精密なイラストでわかりやすく解説。

改訂版　ちいさないきもの　くらしとかいかた
日高敏隆／監修
21×18.7cm／96ページ／定価：本体 800円（税別）
カタツムリ・ザリガニ・カエル・カメなどの身近な小さな生物を生態・飼育・図鑑で網羅しています。生き物の生活環境を鋭くとらえた生態写真と、その飼育法を精密なイラストでわかりやすく解説。

●こどものずかんMio シリーズ

村上康成 他／絵
26.3×21.5cm／64ページ／定価：本体 762円（税別）
チョウやカブトムシ・クワガタムシなどの虫の暮らしやその仲間、タンポポやアサガオ・ヒマワリなどの草花や木を、写真とイラストで詳しく解説。子どもたちの興味と関心を引き出す内容が満載！

1	むし	20081-6
2	どうぶつ	20082-3
3	いけ・かわのいきもの	20083-0
4	うみのいきもの	20084-7
5	とり	20085-4
7	くさばな・き	20087-8
8	いきもののかいかた	20087-8
10	たべもの	20090-8
11	やさい・くだもの	20091-5
12	きせつとしぜん	20092-2

●こどものずかん シリーズ

26.2×20.8cm／64ページ／定価：本体 1,000円（税別）
草花の割り時間や実験など、子ども自身が体験し、発見する喜びを味わえる図鑑。走る・転がる・跳ねるおもちゃや、水・光・音・風を利用して遊ぶ・作る・工夫する遊びの図鑑も！

4	はなとやさい・くだもの	20074-8
7	のやまのくさき	20077-9
8	あそびのずかん	20078-6

📖 絵本

●季節の自然、草花、生き物など、身近に感じる絵本がいっぱい！

そらは さくらいろ　00673-9
村上康成／作・絵
26.2×20.5cm／32ページ／定価：本体 1,200円（税別）
桜が咲いた春、地面に寝転がっていると、いぬたちのぞきこみ、次々と寝転んできました。それを見てうらやましがっているのは!? 本を上に寝転がって読むと本当に"桜色の空"が広がる絵本。

なつのいけ　00674-6
塩野米松／文　村上康成／絵
28.2×22cm／32ページ／定価：本体 1,200円（税別）
夏の池を泳ぐ生き物とそれをつかまえようとする子どもたちの様子を描いた絵本。シンプルな絵と文でありながら、空気・水・魚などの自然を体感できる絵本。

たんぽぽの おくりもの　01843-5
片山令子／作　大島妙子／絵
26.3×22cm／32ページ／定価：本体 1,280円（税別）
春になる前に冬ごもりから目覚めてしまったクマの子コロン、まだたっぷり残った雪の中を散歩に出かけます。春を探してどんどん歩いて行くうちに、日が暮れて帰り道もわからなくなってしまいました…。

かえるのレストラン　00670-8
松岡節／作　いもとようこ／絵
28.2×22.1cm／32ページ／定価：本体 1,600円（税別）
小さな池にかえるのレストランがあります。いろんなお客さんがやってきます。ある雨の日、いつものようにかたつむりくんレストランにいくと…あれ、レストランがない!? ほのぼのやさしいお話。

もみじちゃんと チュウ　00667-8
村上康成／作・絵
26.2×22cm／32ページ／定価：本体 1,200円（税別）
「パラッパ　パラッパ　こんにちはで　チュウ」もみじちゃんが、こんにちはってチュウをすると、みんなまっかっか。夏が過ぎ、だんだんと景色が秋色になっていく様子が楽しみになる絵本。

おいもほり　01840-4
中村美佐子／作　いもとようこ／絵
28.2×22.1cm／24ページ／定価：本体 1,280円（税別）
夏の初めににわとりのこっこおばさんがサツマイモの苗を植えました。その細い根は土の中のねずみの家まで届きました。ねずみの親子は一生懸命サツマイモの世話をします。やがて収穫の時期が来て…。

おいもをどうぞ!　01816-9
柴野民三／原作　いもとようこ／文・絵
28.2×22.1cm／32ページ／定価：本体 1,200円（税別）
くまさんの畑で、おいもがどっさりとれました。くまさんは、おいもの山を前に考えました。「ひとりで　たべてもいもったいない。おとなりさんにも　わけてあげよう」　心優しい気持ちになれる絵本。

1000000ぽんのブナの木　01811-4
塩野米松／文　村上康成／絵
25.5×22cm／40ページ／定価：本体 1,200円（税別）
1000000本のブナ林の1年を描いた物語。人間を含め、子グマやリス、ミズナラやドングリ…様々な生命が息づいています。ブナの森には、特別な力が宿っています。おおらかで、ゆったりとした絵本。

●おいしいよ！ くだもの やさい！

くだものあ〜ん　01034-7
ふくざわゆみこ／作・絵
17.6×19cm／24ページ／定価：本体 800円（税別）
いちご・バナナ・ぶどう・りんご・すいかが出てくる果物の絵本。擬音語と果物の姿の変化が楽しい。ページをめくれば果物を使ったおやつがいっぱい！「どれがすき？」と選んで遊べます。

やさい もぐもぐ　01035-4
ふくざわゆみこ／作・絵
17.6×19cm／24ページ／定価：本体 800円（税別）
トマト・とうもろこし・じゃがいも・かぼちゃ・キャベツが出てくる野菜の絵本。「ほくほく　ころり」などの楽しい擬音語と野菜の姿の変化が面白い。おいしそうな料理もたくさん！「どれがすき？」

月刊絵本

※貴園の営業担当者へお申し込みください。
書店では販売しておりません。

やさしいこころ・かんがえるちから
こどもとしぜん

対象年齢4・5歳児　定価430円（本体399円）

まわりの人や環境に感謝する心、自主的に動き考える力、自然を好きになり親しむ心。自然環境・社会環境に目を向け、優しい心と考える力を育てる環境総合絵本です。

別冊付録

春・夏・秋・冬
年4回
さんぽずかんが
つくよ！

保育図書

●本書の監修者・
森川 紅先生の著書！

保育の楽しみ方がわかる本　60805-6
森川 紅／著
B6判／112ページ／定価：本体1,200円（税別）

実践例（本書にも紹介）いっぱい！　ためになる解説も！　保育のすばらしさを感じられます！　倉橋惣三の言葉も！

●夏は水遊び、
秋には
ドングリや
落ち葉遊び！
楽しい遊びが
いっぱい！

保カリBOOKS⑪　60789-9
どろんこ遊び 水遊び プール遊び180
光るどろだんごの作り方つき
竹井 史／著
AB判（25.7×21cm）／88ページ
定価：本体1,500円（税別）

0～5歳児が夢中になれる遊びが180種。対象年齢の目安と遊びを広げるヒントつき。巻頭カラー「光るどろだんごの作り方」も。

ハッピー保育Books⑧　60769-1
どんぐり 落ち葉 まつぼっくり製作BOOK
竹井 史／著
B6判／128ページ／定価：本体1,200円（税別）

ドングリ、落ち葉、マツボックリを使った製作をたくさん紹介。対象年齢表示つきで、作り方はわかりやすい3段階。作品展にいかすヒントや、作品を使った遊びも満載。

●自然遊びの実体験
から、歌や製作へ！
広がる保育！

保カリBOOKS㊵　60878-0
保育のカンタンピアノ伴奏 130曲
寺田真由美／監修　寺田雅典／編曲
AB判（25.7×21cm）／232ページ／定価：本体1,500円（税別）

年齢別の12か月のうた、季節や行事の名曲、発表会・卒園式での歌、童謡・わらべうたに加え、現場の先生からのリクエスト曲がたっぷり130曲！　どれも3音以上使わないイ伴奏なので、カンタン・キレイに弾ける！

「いつ」「どのように」使えるかがわかる!!　60383-9
手あそび百科～ピアノ伴奏つき～
植田光子／著
AB判（25.7×21cm）／224ページ／定価：本体2,500円（税別）

いつ、どんな場面で、何歳児から始めればよいか、そして、年齢が違えば、遊び方をどのようにかえればよいかがわかる1冊！　122曲、全曲伴奏つきで、季節・行事、どうぶつ、たべもの、生活習慣が身につく手あそびも！

保カリBOOKS㉘　60840-7
保育のうた155
寺田真由美／監修　寺田雅典／編曲
AB判（25.7×21cm）／256ページ
定価：本体1,600円（税別）

春夏秋冬、季節・行事のうたがたっぷり。簡単なのにおしゃれな編曲で、発表会や行事にも十分使えます。劇遊びにも使える簡単な効果音も掲載。ていねいな指番号つき。

保育知っておきたい！シリーズ④　60848-3
保育のおりがみまるごとBOOK
津留見裕子／編著
21×19cm／80ページ／定価：本体1,300円（税別）

チューリップやカタツムリなど保育で必ず折るモチーフそれぞれを、難易度別に4種類紹介。子どもたちに合わせて必ず折れます。折ったおりがみを使った壁面やせいさく帳、遊びやシアターも満載。子どもに人気の指輪やスマホも！

保育知っておきたい！シリーズ③　60847-6
保育の切り紙・製作まるごとBOOK
たけちちひろ／著
21×19cm／80ページ／定価：本体1,300円（税別）

3・4・5歳児の発達にそった、はさみを使った製作遊び、壁面・部屋飾り、保育グッズを12か月をおって紹介。出し物にも使えるチョキチョキシアターも！特別な材料がなくても、紙とはさみでいつでもできるネタがいっぱい！

from・to保育者books⑤　60763-9
保育者のための食育サポートブック
高橋美保／著
AB判（25.7×21cm）／192ページ／定価：本体1,800円（税別）

0～5歳児の食育計画やおたより例、食育を楽しく学べる遊び、より深く学べる食育講座や実践例、保育に食育をとりこむ要素が満載。栄養士・調理員にも。

from・to保育者books③　おりがみ よくばり百科　60313-6
津留見裕子／編著　池田かえる・いわいざこまゆ／製作
AB判（25.7×21cm）／120ページ／定価：本体1,800円（税別）

折って楽しい、遊んで嬉しい、飾って素敵！　をテーマにしたおりがみ本の決定版。春夏秋冬12か月の壁面、せいさく帳、アレンジ遊び案がいっぱい！　さらに年中使える遊べるおりがみも！

ひかりのくに保育ブックス⑯　60858-2
かわいい壁面12か月DX
年齢別アイディア　使えるアレンジ
ひかりのくに編集部／編
AB判（25.7×21cm）／128ページ／定価：本体1,500円（税別）

「かわいい壁面12か月」の第2弾。年齢別アイディア、使えるアレンジに加え、よりかわいく華やかになる"盛りテク"がつきました。12か月の壁面＋誕生表は69点も！　かわいさ、使いやすさ満載です！

ひかりのくに保育ブックス③　60779-0
かわいい壁面12か月
年齢別アイディア　使えるアレンジ
ひかりのくに編集部／編
AB判（25.7×21cm）／128ページ／定価：本体1,500円（税別）

年齢別子どもと作れるアイディア45点、使えるアレンジ43点、季節の壁面と誕生表が61点も！　壁面製作の裏ワザ解説つきで、保育者の壁面本に求めるすべてに応えました！

ひかりのくに保育ブックス⑰　パパッと描ける！
保育者のためのかわいいイラスト帳　CD-ROMつき
イシグロミカ・北村友紀・ちょこまハ・とみたみはる・min・もりあみこ／イラスト　60859-9
AB判（25.7×21cm）／192ページ／価格：本体1,980円（税別）

欲しいイラストがなかなか見つからない！　ならば自分で描いちゃおう！　描き順があるから描きやすい！　子どもといっしょに遊びながら描けます！　虫や動物、草花、野菜、果物、乗り物なども。

79

〈監修〉
森川　紅（もりかわ　くれない）

兵庫教育大学大学院学校教育研究科（幼児教育学専攻）修士課程修了
元　姫路日ノ本短期大学教授
兵庫県姫路市において私・公立保育所に40年近く勤務（所長職も経験）の後、四條畷学園短期大学、武庫川女子大学、南海福祉専門学校、園田学園女子大学等でも非常勤講師として保育者養成に携わる。

主著　『保育の楽しみ方がわかる本』ひかりのくに
　　　『異年齢児のあそびと計画』ひかりのくに
　　　『保育の内容・表現』同文書院
　　　『保育実習の展開』ミネルヴァ書房
　　　『現代生活保育論』法律文化社
　　　『子どもの育ちと教育環境』法律文化社
　　　『児童文化』保育出版社

〈編著〉
後藤和佳子（ごとう　わかこ）
前　姫路市立保育所　保育士

※本書は、『月刊 保育とカリキュラム』2015年7月号別冊附録に、一部修正を加えて単行本化したものです。

STAFF
- 写真／(有)コル アート オフィス・飯村茂樹・佐久間秀樹・中西市蔵・丸山國治・矢沢　励・山下井佐男・編集部
- 本文デザイン／はやはらよしろう（office446）・早原りさこ（office446）
- 本文イラスト／北村友紀・常永美弥・とみたみはる・みやれいこ・Meriko
- 楽譜浄書／株式会社福田楽譜
- 編集協力／永井裕美
- 企画・編集／長田亜里沙・安藤憲志
- 校正／堀田浩之

本書のコピー、スキャン、デジタル化等の無断複製は著作権法上での例外を除き禁じられています。本書を代行業者等の第三者に依頼してスキャンやデジタル化することは、たとえ個人や家庭内の利用であっても著作権法上認められておりません。

保カリBOOKS㊸
0〜5歳児　年中使える！
子どもの驚き！発見！不思議！が　科学する心を育てる！
身近な自然で楽しい保育！

2016年3月　初版発行
2021年7月　第3版発行

監修者　森川　紅
編著者　後藤和佳子
発行人　岡本　功
発行所　ひかりのくに株式会社
　〒543-0001　大阪市天王寺区上本町3-2-14
　TEL06-6768-1155　郵便振替00920-2-118855
　〒175-0082　東京都板橋区高島平6-1-1
　TEL03-3979-3112　郵便振替00150-0-30666
　ホームページアドレス　https://www.hikarinokuni.co.jp
印刷所　大日本印刷株式会社

©Kurenai Morikawa,Wakako Goto 2016
©HIKARINOKUNI 2016
©2016　乱丁、落丁はお取り替えいたします。
JASRAC 出1600765-103

Printed in Japan
ISBN978-4-564-60882-7
NDC376 80P 26×21cm